対話と保育実践のフーガ

fugue

時代と切りむすぶ保育観の探究

加藤繁美
Kato Shigemi

ひとなる書房

はじめに

① 鳥の翼がどんなに完全でも、空気なしで鳥は飛ぶことはできない

もうずいぶん前のことになりますが、私が大学二年生のとき、清水寛先生の講演を聞く機会がありました。

もちろん、そこで話された内容を鮮明に記憶しているわけではありません。しかしながら、「熱い胸と、冷たい頭と、逞しい腕の統一を」という講演のタイトルと、その副題につけられて

いたルイ・アラゴンの有名な詩の一節と共に、講演の途中で語られた「鳥の翼がどんなに完全でも」というパブロフの言葉が、なぜか私の脳裏から離れないでいたのです。

その後、「熱い胸と、冷たい頭と、逞しい腕の統一を」という言葉を『勝田守一教育学著作集』の巻頭に発見し、「学ぶとは誠実を胸に刻むこと　教えるとは共に未来を語ること」というアラゴンの言葉をアラゴン詩集で確かめたりして、最初の二つのモヤモヤはスッキリしていったのですが、パブロフの言葉だけは、あれがいったい何だったのかよくわからないまま、これまでやりすごしてきたのでした。

この本を書いている途中、なぜか私はそのモヤモヤの正体を確かめたいと思い、当時の記録を読み直してみることにしました。するとそこには、次のようなパブロフ（I. P. Pavlov, 1849-1936）の言葉が紹介されていたのです。一九三五年に、パブロフが若い科学者たちに向けて出した「若い人々への手紙」という文章の一節でした。

鳥の翼がどんなに完全であるとしても、空気なしで鳥を飛び上がらせることはできません。事実――それは科学にとって空気であります。それなしでは諸君はけっして飛び上がることはできません。それなしでは諸君の「理論」は、むなしい羽ばたきにおわってしまいます。

しかし、研究し実験し、観察しているときには、いつも事実の表面にとどまらないよう努力することです。事実の記録係になりおわってはいけません。それらをひきおこす秘密の中につらぬきいるようになさい。それらを支配している法則を粘り強く探究しなさい。

改めて読み返してみると、理論と実践の関係を厳しく問い直すパブロフの言葉に、思わずウーンと考えさせられてしまいます。そしてそれと同時に、私が無意識のうちにこだわってきたものが何だったたか、そのときやっとわかったような気がしたのです。

実際、保育の理論は、実践者の実践があってはじめて意味を持つものなのです。つまり、パブロフの言葉を保育の問題におきかえてみると、保育実践という空気の中を自由にはばたくことができない保育実践理論は、ただ「むなしい羽ばたき」をしている鳥にすぎないということになるのです。

考えてみると、これは保育実践の理論を研究する私にとって、重い言葉です。保育理論を語る私の言葉は、はたして「むなしい羽ばたき」に終わっていないのだろうか？　私の保育理論は、実践の事実を「ひきおこす秘密の中につらぬきいる」ものになっているのだろうか？　私の言葉は、保育実践の空気の中を、自由に飛び回ることができているのだろうか？

パブロフの言葉を読みながら、私は思わず考え込んでしまったのです。

本書はこんな私の思いを、私自身の内側から問い直してみたいという考えをもとに編まれたものです。つまり、私は保育実践の何にこだわりながら、何を表現しようとして、保育を語る言葉を選んできたのか、その苦悩と発見の過程を綴ってみようということなのです。

② 対話と保育実践のフーガ

そんな思いを文章にしたのが、この本です。

タイトルの「対話と保育実践のフーガ」は、ダニエル・バレンボイムの『バレンボイム音楽論――対話と共存のフーガ』（アルテスパブリッシング、二〇〇八年）に着想を得てつけたものです。じつはこの原稿を書き終えた朝、「『冷たい和平』解《ママ》かす演奏」というタイトルのコラムが、『朝日新聞』（二〇〇九年五月十一日）に掲載されていたのです。記事は、ピアニストで指揮者でもあるダニエル・バレンボイムが、カイロ交響楽団との初共演を成功させたことを報じたものでした。

周知の通り、エジプトのみならず、イスラエルとアラブ諸国の間には、パレスチナ問題を中心に、複雑で、冷たい関係が継続しているのですが、記者はそれを「冷たい和平」とまず位置づけます。そしてこの「冷たい和平」が継続される中、イスラエル国籍を持つバレンボイムがカイロ交響楽団と共演することを、「敵（イスラエル）との関係正常化」だと言って非難する音楽家やテレビキャスターの反対キャンペーンがエジプト国内で展開されたというのです。

もちろん、バレンボイムを知らない人にとっては理解できない話題かもしれませんが、バレンボイムといえばイスラエルのパレスチナ政策を批判し続けてきた音楽家であり、パレスチナの思想家エドワード・サイードと共にイスラエルとアラブの演奏家を集めて交響楽団を結成し、パレスチナ自治区での演奏を成し遂げた、行動する音楽家の一人なのです。

そのバレンボイムを、エジプト国内の一部マスコミは「敵」と評し、カイロ交響楽団との共演を批判したというのです。

こうしたなか、演奏会は成功裏に終わり、演奏後、バレンボイムは楽団員一人ひとりと握手を求めていったと記事には紹介されています。そして聴衆の鳴り止まない拍手が手拍子に変わるなか、バレンボイムはこう話しかけたと記されています。

「この訪問を快く思わない人もいる。そう、確かに私はイスラエルで育ち、今晩みなさんが楽しんだ音楽も含めた教育を受けた。でも私は毎朝起きると胃が痛む。パレスチナがいまだに占領されているからです」

「音楽について言葉で語ることはできない」という文章と共に書きはじめられた「音楽論」を読んでいると、音楽家であるバレンボイムが「命がけ」とも思える社会的活動を、さりげなく展開し続ける理由が、おぼろげながら見えてきます。つまりバレンボイムにとって、音楽で演奏家たちと「対話」することも、演奏会で聴衆と「対話」することも、社会的活動で「対話」することも、まったく同じ行為なのだということを……。

こうしたバレンボイムの姿勢は、著書の最後に掲載されている「ヴォルフ賞授賞式でのスピーチ」からもうかがい知ることができます。このスピーチは、イスラエル国会議事堂において行われたものですが、「対話」する音楽家にふさわしい、じつに率直な言葉で語られているのです。

「音楽は、芸術である以上、その原則を曲げて妥協することのできないものであり、一方の政治は妥協術でありますが、それにもかかわらず、政治が現状の制約を超え、可能なかぎり高い領域へとのぼるとき、政治はそこで音楽と出会うことができるのです。音楽はなによりもまず想像上の芸術であり、言葉が押しつけるあらゆる制約から自由な芸術であり、人間の存在の深みに触れる芸術であり、あらゆる境界を越えていく音の芸術です。このような特質によって、音楽は、イスラエル人とアラブ人の感情と想像力を新たな、思いもよらない領域へと高める力をもっています」

異質なものが対話する営みは、両者の間に合意を作り出す営みではなく、新たな価値を創造する営みでなければならないと考えるバレンボイムの思いは、保育実践を「対話」の思想で構築することを提案する、私の思いでもあります。

もちろん、音楽で社会が抱えるすべての問題が解決できないように、保育実践で人間発達にかかわるすべての問題が解決するとは思いません。しかしながら、音楽が理想を追求するように、この世に誕生した生命に、「喜びと希望」に満ちた人間の生き方を保障するのが保育実践です。その保育実践を、「対話」の思想で紡いでいくことで、やがて「対話的人格」として生きていく子どもたちの、知性と感情の土壌を耕す営みに責任を持ちたいと思います。

「対話と保育実践のフーガ」は、そんな思いを込めた本でもあります。「対位法」と訳されるフーガという音楽形式は、いくつかの独立した旋律が、模倣しながらくり返していく楽曲形式と説明されていますが、「対話」という思想と、そこで創造される「保育実践」とが心地よく響き合い、新しい時代にふさわしい音色を醸し出すことを期待して、このタイトルに決めました。

保育の場で、豊かな「対話」の物語が広がることを期待します。

もくじ◎**対話と保育実践のフーガ**——時代と切りむすぶ保育観の探究

第1章
保育実践と保育理論の間

① 実践のリアリティー、理論のアイデアリティー

最初から個人的な話で申しわけありませんが、昔から緻密な「計画」を立てて行動することは苦手な性質で、どちらかといえば私自身は、あてもなく行動しながら、偶然出くわしたあれこれをおもしろがって生きるほうが好きです。

したがって、乳幼児を対象とした保育実践について考える場合でも、あらかじめ立てられた「保育計画」にもとづいて、意図的・組織的・計画的に展開された実践の話など、正直言って聞いているだけで、居心地の悪さを感じてしまうのです。実践を語る保育者には申しわけない話なのですが、それも事実だからしかたありません。

考えてみたら、保育者の「ひらめき」が感じられない保育実践など、やっている保育者だっておもしろくないに違いありません。いやそれよりも、肝心の子どもたちがおもしろくないに決まっているのです。なんといっても子どもたちは、おもしろさを求めて幼稚園・保育所に通っている存在なのですから……。

つまり保育実践は、子どもにとっても、保育者にとっても、おもしろくなければ意味がないと

いうことなのです。そしてそれ故に、「おもしろさ」を求めて活動する子どもの思いと、子どもの「おもしろさ」を発展させようとする保育者の思いが絡み合った、そんな保育実践の話を聞いていると、今度は聞いているだけで楽しくなってくるのです。

ところが、それだけおもしろい保育実践をしている保育者でも、週の指導計画や、日々の計画を読ませてもらうと、これがとたんに「おもしろく」なくなってしまうのです。なかでもとくに「おもしろく」ないのが、計画に記された「目標」や「ねらい」です。いや、「おもしろい」かどうかではなく、保育の実態とフィットしていないのです。実際に保育者が、実践の過程で、「ひらめき」と共に子どもに働きかけている事実と、掲げられた「目標」との間に、かなり大きなズレがあるのです。

同様の問題は、「指導上の留意事項」の項にも見受けられます。たしかに、計画段階で留意事項を整理しておくことは大切です。しかしながら、事前に書いた留意事項は、やはり作文の域を出ないのです。実践の場でリアルに展開される保育者の働きかけと、事前に記された留意事項とが、実際にはズレていることのほうが多いように、私には思えてしかたないのです。

実際、事前に準備した「留意点」より、その場で子どもに即応しながら配慮したことのほうが重要な意味を持っています。その、子どもの要求や行動に即応的に対応する保育者のカンやコツといった実践力量を問題にするほうが、計画書を完備することよりも大切な課題のように、どうしても私には思えてしまうのです。

とことんなことを書いていると、「どちらが大切かという問題ではない」という反論が、すぐにでも飛んでくるに違いありません。「その両方が大切なのだ」と……。しかしながら私には、こうして指導計画の「目標」欄や、「指導上の留意事項」を埋めるために「作文」する時間が、とてつもなく「無駄」な時間に思えてしかたないのです。

もちろん、机上の議論としては、十分に納得できる議論ではあります。各園の「保育理念」「保育方針」「保育目標」を明示した教育課程・保育課程にもとづいて長期・短期の指導計画が作成され、その指導計画にもとづいて日々の実践が展開されるという説明に、おそらく間違いはないのだと思います。そしてそういう形で、より上位の観念を、保育のディテールにまで貫く発想は、たしかに言語レベルで考えるだけなら十分に納得できる議論なのです。

しかしながら、「合意された理念」から「具体的な実践」が生み出されるという単純な図式で、実際の保育実践は展開されたりしないのです。なぜなら、言葉に整理された一般的な「理念」は、具体的で個別的な実践の場面で、それほど有効に機能しないからです。つまり、保育実践のリアリティーは、じつはもっと違うところにあるということなのです。

そしてそういう意味で、保育理論のアイデアリティー（観念性）は、保育実践のリアリティー（現実性）と容易には響き合えない宿命にあるのです。

2 保育観の二重構造

考えてみたら、何かこのあたりの問題を、もう何十年も問い続けてきたような気がします。保育を語る言葉（保育理論）と、実際の保育実践との間に存在するズレを、いったいどうやって埋めればよいのかと……。

もちろん、理論と実践がズレる理由を説明することそのものは、それほどむずかしいことではありません。

保育実践を語る理論が「一般性」を重視するのに対して、実際の保育実践は常に「個別性」を重視するという特徴を持っています。同様に、理論が「抽象性」「総合性」「計画性」を基本に構築されるのに対して、実践は「具体性」「部分性」「即応性」を基本に展開されるという特徴を持っています。

一般に、この保育理論の部分が保育目標（ねらい）として明示され、保育計画に具体化されるわけですが、それが実際の保育実践に転化するときには、個々の子どものところにストレートに届けられるわけではないのですから、問題が複雑なのです。

おそらくこの点は、小学校以上の学校教育では、それほど深刻に悩まないのだろうと思います。なぜなら、小学校以上は「学力」という到達目標を主たる課題とするため、「一般化」された目標を、個々の子どものものにするプロセスに、それほど大きな断絶が存在しないからです。

これに対して保育実践の場合は、人格や人間性といった方向目標にかかわる実践が中心となるため、「一般化」された目標を、一人ひとりの子どもに「伝達」するような教育論が通用しないのです。つまり、保育実践はそもそも対話的に展開される特徴を持っているということなのです。

いや、問題はそれだけではありません。

実践を展開する保育者の保育観が、「一般化」された保育理論を理解する部分と、子どもの「個別性」に対応する部分との二重構造になっていて、両者が容易に一体化してくれないのです。

たとえばこの問題を私はこれまで、「保育実践を貫くマクロの視点」と「保育実践を支えるミクロの視点」という保育観の二重構造の問題として議論してきました。(1)「マクロの視点」が保育者の中に形成された実践理論を指し、「ミクロの視点」が保育者の感性・センスを指しているのですが、この二つの視点が保育者の中でなかなか一つのものにはならないのです。

つまり、教育課程・保育課程を作成したり、指導計画を立てるときには「マクロの視点」を機能させるものの、実際の保育実践の場面で、子どもの要求・行動に向き合うのは、あくまでも「ミクロの視点」なのです。

もちろん、作成された教育課程や保育課程が、保育者の「ミクロの視点」に働きかけ、この二つの保育観を結びつける役割を果たしてくれるというのなら問題は違ってきます。ところが、これが実際には困難なのです。

誤解されては困りますが、だからといって私は、この二つの保育観を結びつけることが不可能だと言っているわけではありません。もしそうだったら、こうして保育実践論を書いてはいないでしょう。

ただ、私がこの問題にこだわるのには、私なりの理由があります。それは、私が保育にかかわるきっかけとなった、個人的な体験に端を発する問題です。つまり、そのとき私が感じた未解決の問題を、私自身がずっと引きずっているということなのです。

3 私の出会った子どもと保育

たとえば私が、大学を卒業した後、ある大学の附属幼稚園に四年間勤務したことは、すでにいくつかの本で書いたことがあります。(2) その園に勤務することになった経緯については、ここではくり返しませんが、そこで出会った子どもと保育の現実が、私が保育を語る原体験になっていることは否めません。

そしてそこで出会った子どもと保育の問題が、私に「保育理論」を研究させる原動力となっていることも事実なのです。つまり、そのとき子どもたちから突きつけられた保育の宿題をはたそうとして、ついに三十年以上の月日が経ってしまったということなのです。

＊　＊　＊

たとえば、最初受け持った年長クラスに、ヨシミチくんという子がいました。クラスの子どもたちは彼のことをヨッチャンと呼んでいたので、私もすぐにヨッチャンと呼ぶようになったのですが、新米保育者であった私にとって彼は、本当につかみどころのない、手に負えない存在だったのです。

はじめての参観日のことです。次々にやってくる親たちの姿に、いつになくそわそわする子どもたちを前にして、これまたいつになく緊張気味の私がそこにはいたのですが、「これから朝の会をはじめます」と私が言い終わるか終わらないかというとき、クラス一のひょうきん者であるヤスオくんが、「カーラースー、ナゼナクノー、カラスノカッテデショ」と、当時流行していたドリフターズの歌を大きな声で歌いだしたからたまりません。

それでもヤスオくんの歌だけだったらまだ許せたのですが、その歌に合わせてヨッチャンが踊りだし、そのまま外に出て行ってしまったから大変です。追いかければ逃げ回るし、つかまえて部屋に帰ってくれれば、部屋の中の子どもたちは走り回っているし、親たちは笑って見ているだけだし、私はどうしてよいかわからなくなるし……。

最初がこんな感じなのですから、もうあとは推して知るべしというところなのですが、とにかく「ヨッチャンさえいなければ」と何度思ったことか……。

絵を描けば五秒で描きあげて外に行き、水道の水を出しては遊びだすし、ハサミを使って製作活動をすれば、知らないうちに部屋を抜け出して、足洗い場においてあるホースを切ってしまうという感じで、とにかくしてほしくないことを次から次へとやってくれるのがヨッチャンだったのです。

そんなヨッチャンとの関係が最悪になっていったのが、運動会を前にした数週間のことでした。なんといっても、ヨッチャンが参加してくれないとすべてがはじまらないのです。ところが、その最初の一歩が大変だったのです。やさしく誘うと「やりたくない」と拒否するし、少しでも強く出ようとすると今度は園内を逃げ回る……。無理やり練習に参加させると、途中で別の遊びを開始する……。

とにかく、すべてがこんな感じで動いていくのです。途方にくれた私は、いつもいろいろとヨッチャンの世話をやいてくれるミズエちゃんに相談してみることにしました。

加藤　どうしてヨッチャン、いつもあんなんだろうね?

ミズエ　「あんな」って?

加藤　みんなと一緒に、いろんなことができないってこと。

ミズエ　いつもは、みんなと遊んでるよ。

加藤　遊んでるときだって、ヨッチャンだけ勝手にしてるじゃない？

正直言って私には、ミズエちゃんが「みんなと遊んでるよ」という言葉の意味がわかりませんでした。いや、「わからなかった」というよりむしろ、ヨッチャンが他の子どもたちと一緒に遊んでいる姿が想像できなかったというほうが正確なのかもしれません。ところがそんな私に、ミズエちゃんは次のように語ってきたのです。

ミズエ　だって、家では一緒に遊んでるもん。

加藤　いつも、一緒に遊んでるの？

ミズエ　いつも一緒だよ。

加藤　遊んでるときは、ヨッチャンだけ別のこと、したりしないの？

ミズエ　しないよ。

近所の子どもたち十数名で、毎日のように遊んでいるとミズエちゃんは語ってくれたのですが、どうしてもその言葉を信じることができなかった私は、さっそくその日の夕方、ミズエちゃんの家を訪ねてみることにしました。いちおう家庭訪問と称して訪ねてみたのですが、行ってみるとそこにはたしかに、嬉々とした表情で遊ぶ、十人ばかりの子どもたちがいたのです。ヨッチャンはといえば、畑のあぜを利用したままごと遊びの中で、黙々と泥団子を作っているではないですか。土手を使ってはじめられた鬼ごっこでは、何度もつかまりながらも、これまたみんなと一緒に、楽しそうに走り回っていたのです。

実際、そのときは私も、ミズエちゃんやヨッチャンに交じって一緒に遊んだのですが、自然に展開していく時間の流れに、何か不思議な気持ちになったのを覚えています。なんといっても、ヨッチャンと一緒に数時間を過ごして、叱ったり、注意したりしようとする自分がいなかったことが、何よりも私には驚きだったのです。

ヨッチャンが仲間の中で、違和感なく行動している理由は、考えてみたら単純なことでした。するも自由、やめるも自由という関係の中、すべて、子どもたち自身の意思にもとづきながら活動が展開されているのです。互いに求めているのは「おもしろさ」を共有し、それを続けていくことだけ。ただそれだけのために何時間も一緒にいる、その時間の感覚が、落ち着いた表情をヨッチャンに保障していたのです。

結局私は、ミズエちゃんやヨッチャンたちの世界をもっと知りたくて、一週間続けてミズエちゃんの家に通い、彼らと一緒に遊ぶことになったのですが、そこに流れている自然な時間の感覚を、運動会の練習の中に取り込んでいくことは、頭で考えるほど簡単なことではありませんでした。

そんな試行錯誤の毎日を、当時の私は、次のような文章で綴っています。

「教育の発想を、子どもから出発させなければならない」「私は、このように子どもを大切に教育してきた」と格好よく語りはじめたいのであるが、どうもそんな格好の良い教師としては登場できそうもない様子である。

なんとかなると思って、不安ながらも幼稚園に飛び込んで九ヵ月の月日が経とうとしている。が、そこで発見したことといえば、なんとかなると思っているだけではなんともならない現実と、「私は子どもを大切にしています」と、一日百回唱えたとしても、けっして子どもはよくならないという、至極簡単な、そして至極当たり前の命題のみである。九ヵ月経って、やっとこんなことに気がついている自分に赤面するしだいであるが、正直な話だからしかたがない。

〔中略〕

私のクラスに、顔を描けば丸に点、モノを作れば十秒と続かない、Yくんという男の子がいる。未熟な私なんか、ついつい「どうしてやらないんだ」と、声を荒げてYくんを叱ってしまうのだが、とにかくそれしか方法が見つからないのだからしかたない。

そんなある日、「先生、僕はもう、絵を描くのも、モノを作るのも、何をやるのも嫌だ」と、Yくんが泣いて訴えてきたのである。何をしても最後まで自力でできなかったYくんが出した、否定的ではあるけれども、しっかりした要求に驚きながら、私は彼に「じゃあ、Yくんは何がしたいの?」と問うてみた。するとYくんは、はっきりした言葉で、次のように語ってきたのである。

「みんなと遊ぶのはいい。ゲームをするのも、それからリレーだったらしてあげてもいい」

五歳のYくんのせつない訴えに、私は、私の保育実践が抱える本質的な問題について、改めて考えさせられたのである。頭の中では「すべての子どもに豊かな発達を」などと考えながらも、じつはその逆を向いていた私の保育実践の本質を……。

教育の「目的」と「内容」と「方法」が一体となってはじめて、教育実践が意味を持つことは言うまでもないことであるが、時間に追われ、スケジュールに追われる毎日の中で、この三者を統一的に進めていくことができているかどうか、リアルに見つめ直す余裕を持ちにくい現実がある。しかしながら、一人ひとりの子どもとの間に作り出される緊張関係の中に、大切なものを作り出そうとする私たち保育者は、Yくんのような悲痛な訴えを出させないためにも、日々の実践をリアルに反省することを欠いてはならないのである。

二十代半ばの文章で、読み返すたびに恥ずかしくなってくるのですが、それでも当時の私の、正直な思いがそのまま書かれています。ただ、こんな文章を書きながら私は、「子どもの要求」から出発する保育実践のあるべき姿を、つまり真の意味で子どもと対話する保育の姿を、とことん追究してみたいと考えるようになっていったのです。

もちろん、ヨッチャンと私の関係が、これですべて解決したというほど問題は単純ではありません。しかしながら、ヨッチャンとの格闘の日々を通して私は、「期の計画」や「月の計画」の中に書き込んだ「運動会のねらい」なんか、たいした問題ではなく、運動会を通してヨッチャンをどう育てるかということのほうが大切だということに確信を持つようになっていったのです。

つまり、保育の目標は個別の活動の中に存在しているのではなく、一人ひとりの自我発達や人格発達の課題の中に存在しているのだと……。そして、そうした自我発達の機会を広げるために、保育内容や方法は工夫されるべきなのだと……。

④ 一年間、会話が成立しなかったジュンコの物語

もちろん、これは何もヨッチャンだけの話ではありません。

同じクラスに、ジュンコちゃんという子がいました。おそらく専門家に相談すると、迷うことなく「場面緘黙」と診断される、そんな子どもがジュンコちゃんだったのです。四歳から幼稚園には通っていたのですが、年中クラスの担任とは一言も言葉を交わしたことがなく、担任が話しかけると、とたんに顔をこわばらせてしまうのだと、前の担任からは聞かされていました。

もっとも、そんなジュンコを担任することになった私は、愛情を注いでいけば、ジュンコとの関係を作ることくらい簡単なことだと、最初はかなり楽観的に考えていたのです。

ところが彼女は、実際にはかなり手ごわい存在だったのです。

もちろん私は、満面の笑みでジュンコを迎え入れることを心がけました。しかしながらジュンコは、私が笑顔を投げかけたとたんに表情を固くしてしまうのです。うんとやさしく語りかけるように心がけているのに、声をかけたとたんにジュンコは、下を向いてしまうのです。

ところが、お母さんに様子を聞いてみると、「毎日楽しそうに家を出ます」と話してくれるのですから、またまたわからなくなってしまうのです。実際、ジュンコは、休むことなく毎日、登園してきていました。

こんなかかわりを二ヵ月くらいくり返したでしょうか。登園時のあいさつはもちろん、名前を呼んでも返事はしてくれないし、帰り際に「さようなら」と言っても返事は返ってこない……。しだいに私の中には、「焦り」と同時に、「迷い」を感じるようになってきていました。

もっともジュンコのほうは、私がいないところではじつに楽しそうにクラスの仲間と遊んでいるのです。たとえば六月のある日、ケイ、アヤコ、ミズエと一緒に、ジュンコが園庭にあった小さな台の上に乗って、互いに台から落とし合う、他愛もない遊びをしていました。おそらく普段だったら、「危ないからやめなさい」と注意するところなのでしょうが、ジュンコがあまりに楽しそうなので、少し離れたところで、しばらく見守ることにしました。

じつは、そのとき私ははじめてジュンコが笑う声を聞いたのですが、こんな姿を見ていて、私と話すことだけが大切なわけではないと、考えることができるようになっていったのです。つまり、保育者と話すことができなくても、仲間との間で楽しい関係を作り出すことができているんだったら、それで十分なのではないかと……。

しかしながら、それでもジュンコと会話もできないまま毎日が過ぎていくのはつらいので、ジュンコといつも一緒に遊んでいるケイちゃんに、普段の様子を聞いてみることにしました。

加藤　ジュンコちゃん、ケイちゃんたちとは、いっぱいお話、するの？

ケイ　普通だよ。

加藤　普通って、ほかの子と同じくらい？

ケイ　そうだよ。

考えてみれば、五歳の子どもたちにとって、会話の量など問題ではなく、一緒に遊ぶ「おもしろさ」も、言葉を駆使した言語的コミュニケーションだけでなく、非言語的コミュニケーションが大きな役割を果たすことは、当たり前のことなのです。だから、「ケイちゃんたちにとって、ジュンコの言葉の量など、たいした問題ではないんだ」と妙に納得していると、今度はケイちゃんのほうから次のように話しかけてきたのです。

ケイ　先生、ジュンコちゃんと話したいの？

加藤　うん。だって、ジュンコちゃん、名前を呼んでも返事してくれないしね。
ケイ　でも、男はダメかもね。

と、ケイちゃんにはっきり言われ、私はジュンコとの間で、とにかく非言語的コミュニケーションを豊かにすることで、安心できる関係を作っていこうと、少し方針を転換することにしたのです。すると、そばにいても緊張することはなくなったのですが、声をかけると、やはり下を向いてしまう毎日が続いていったのです。

そしてそんなこんなとくり返しているうちに、いよいよ三月も半ばになり、卒園まであと十日を残すばかりとなった時のことです。私とすれば、一年間言葉を交わすこともなくジュンコを卒園させてしまうことには忸怩たる思いもあり、なんとかしてジュンコと話をしようと、密かに計画を立てて、ジュンコを待ち受けていました。

しかしながらその日の朝、ジュンコの母親から「じつは、水疱瘡になってしまって、卒園式にも出られそうにない感じなんです」という電話があり、すべてはそこで終わることになってしまったのです。結局、ジュンコは卒園式に出ることができず、私はジュンコと一言も話をすることなく、一年の保育をしめくくることになりました。

そして卒園式の日、式に出ることができなかったジュンコのために、私は卒園証書とアルバムを持ってジュンコの家を訪ねることにしました。卒園式の真似事をしたあと、出されたミカンをコタツで一緒に食べながら、卒園アルバムを開いて見ることとしました。そしてページをめくりながら、なにげなく「ここ、どこだっけ」と聞いたとき、「オオダカコウエン」と、なんとジュンコの声が聞こえてきたではありませんか。はじめて聞くジュンコの声に、私はもう飛び上がりたくなるくらいうれしかったのですが、それでもさりげなく次のページをめくり、「これは誰だっけ?」と聞くと、今度は「ヤスオくん」と、じつにしっかりとした声が返ってきたのです。

⑤ 保育目標としての自分づくり

一年かかって、たったそれだけのことかと言われれば、それはたしかにその通りなのです。もっと何かできることはあったのではないかと言われれば、たしかにその通りだし、そんな関係、もっと早く作ることができただろうといわれれば、これまたその通りなのです。

実際、私が意識して働きかけたことはことごとく失敗し、何も期待しないで彼女のそばにいたときにはじめて会話が成立したわけですから、私の能力に問題ありといわれても、しかたありません。そして今の私なら、もっとゆったりとジュンコとの関係を作ることができるに違いないと考えていることも事実なのです。

しかしながらそれでも、あの七転八倒の日々があったからこそ、最後の落ち着いた数時間があったことも事実なのです。そしてそれは、ジュンコが一年間かけて闘いとった「発達の物語」にほかならないのです。

たとえばジュンコの母親は、顔を合わせるたびに、「朝はあんなに楽しそうに出ていくんですけどねえ」と話してくれていました。実際、私が話しかけるとあんなに緊張が強くなるのに、あの水疱瘡で休んだ以外は、一日も園を休んでいないのです。

そんなジュンコの気持ちに、改めて気づかされることになったのが、鹿島和夫さんの『続一年一組せんせいあのね』（理論社）に登場してくる、三好麻紀さんという一年生が書いた作文を読んだときでした。麻紀さんもジュンコと同じ「場面緘黙」といわれるような子なのです。じつは最初に鹿島さんの文章を読んだとき、友だちと一緒に遊んでいる場面といい、「男はダメ」と語ったケイちゃんの言葉といい、同じ場面を記述したのではないかという錯覚を覚えたくらい、近似した子どもの姿が描かれていたのですが、それでも麻紀さんが書いた次の作文を読んだとき、私は思わずハッとしたことを、今でも覚えています。

あいさつ

みよし　まき

なかおさんのいえへいって

「こんにちは」っていおうとおもったけど
こえがでませんでした
おぜんざいとみかんをもらったときにも
「いただきます」がいえませんでした
みっつもみかんをたべました
それで「ごちそうさま」と「さようなら」をやっといえました(3)

おそらくジュンコも、麻紀さんと同じように、毎朝「今日こそ、先生と話をしよう」「今日こそ、名前を呼ばれたら返事をしよう」と考えながら、家を出ていたのでしょう。でも、顔を合わせたとたんに声が引っ込み、話しかけられたとたんに、下を向いてしまう……。そんな思いで、ジュンコは毎日過ごしていたのだと思います。

そんなジュンコが私と話をするということは、ジュンコの中に形成されたすべての力が一つになって、これまでの「自分」を、新しい「自分」へと変えていく、そんな変化を自ら成し遂げることを意味していたのです。つまり、「現在の自分」から「明日の自分」へと脱皮しようとする、「自分づくり」の闘いの結果が、ジュンコの変化として表れたということなのです。

乳幼児の発達を語るとき、私が「自分づくり」という言葉を使おうと考えたのは、こんなジュンコやヨシミチの姿を表現したかったからにほかなりません。もちろんそれは、自我発達という言葉でも、アイデンティティーの発達という言葉でもよかったのですが、私には悩み、揺れ、苦しみながら、それでも自分らしく生きようとする彼らの姿は、「自分づくり」という言葉がピッタリのように思えたのです。

「自分づくり」という言葉は、竹内常一さんが『子どもの自分くずしと自分つくり』（東京大学出版会、一九八七年）を出版して以来、教育の世界でも広く使われるようになってきた感がありますが、竹内さんが思春期・青年期の「自分くずし」に焦点を当てて議論しているのに対して、まさに「自分」の構造を構築していく乳幼児期の課題として、私は位置づけています。

たとえば私は、乳幼児の「自分づくり」について説明するとき、アンリ・ワロン（Henri Wallon, 1879-1962）の自我発達論を参考にしながら、子どもの発達過程で二つの自我世界が、一定の順序性を持ちながら形成されていくと説明してきました[4]。

その発達過程を簡単に整理すると、まず一歳半ころに強烈な自己主張をともなう「自我」が誕生し、そのあと一歳半から三歳にかけて「第二の自我」とでも呼ぶべき「社会的知性（自己）」が育っていく……。そして三歳から四歳半になるころまでの幼児中期は、この二つの自我世界を明確に意識しながら、それでも「自我」と「第二の自我」がうまくつながっていかない、矛盾と葛藤の世界を生きることになっていく……。しかしながらそれが四歳半を過ぎるころになると、こうして自分の中に育てた二つの自我をつなげて、自分の意思で自己決定する「自己内対話能力」を獲得するようになっていく……。

こうして成長していく過程を「自分づくり」の過程と考えるなら、まさに保育実践の課題は、一人ひとりの子どもの中に「自分づくり」の物語を形成していくことにあると考えるべきなのではないかと思うようになっていったのです。

問題は、こうした一人ひとりの「自分づくり」の過程を、指導計画の中に正当に位置づけることができるかという点にあります。クラス全体の保育目標の中に、それぞれの子どもの発達課題を、どう位置づけるかということです。つまり、保育実践のリアリティーは、一人ひとりの子どもの「自分づくり」の物語の中に存在しているということなのです。

6 保育実践の目標は子どもの中に見出される

保育実践を語る用語として「カリキュラム」という言葉にこだわる理由も、まさにこの点にあるといえます。ヨシミチやジュンコが、葛藤をくり返しながら生活していく毎日の「経験の履歴」を、保育実践論の中心に位置づける言葉、それが「カリキュラム」という言葉だったのです。

実際、「カリキュラム」という言葉は「教育経験の履歴」を表現する用語として、教育学の中で位置づけられてきました。いや、もう少し正確に言うなら、そうした一人ひとりの「経験の履歴」を大切にする教育実践をイメージする言葉として、再定義され、使われてきた歴史を持っているということなのです。

したがって、「カリキュラム」は「個別性」と「一回性」を原則とします。同じ活動をしても、その活動がジュンコにとって持つ意味と、ヨシミチにとって持つ意味は異なるのです。そしてそれは、それぞれの子どもにとって、けっしてくり返すことのできない一回限りの経験を積み重ねながら形成されていくものなのです。

大切な点はこの場合、保育実践のリアルな目標は、展開される活動の中にではなく、それぞれの子どもの中に存在している事実です。

もちろん、活動に目標がないというわけではありません。運動会をする時にも、園外保育で散歩にいくときにも、それぞれの活動に応じた目標は、たしかに存在しているのです。しかしながら、「力を合わせて競技に取り組む」と目標の欄に書いたとしても、「秋の自然に親しむ」と記述したとしても、それは抽象的で観念的で常識的な目標にすぎないのです。

実践する保育者にとって、そうした抽象的で観念的で常識的な目標など本当はそれほど重要ではなく、「ヨシミチにとってこの活動をどんな意味あるものにしていこうか」「どのようにしたらジュンコの発達の契機に、この活動がなっていくだろうか」といった、個別の子どもの課題（目標）が保育実践をデザインする大切な視点となっているのです。

たとえばそれは、図のような関係として整理することができるかもしれません。一つの活動を

●図1-1　「個人の発達の物語」としてのカリキュラム

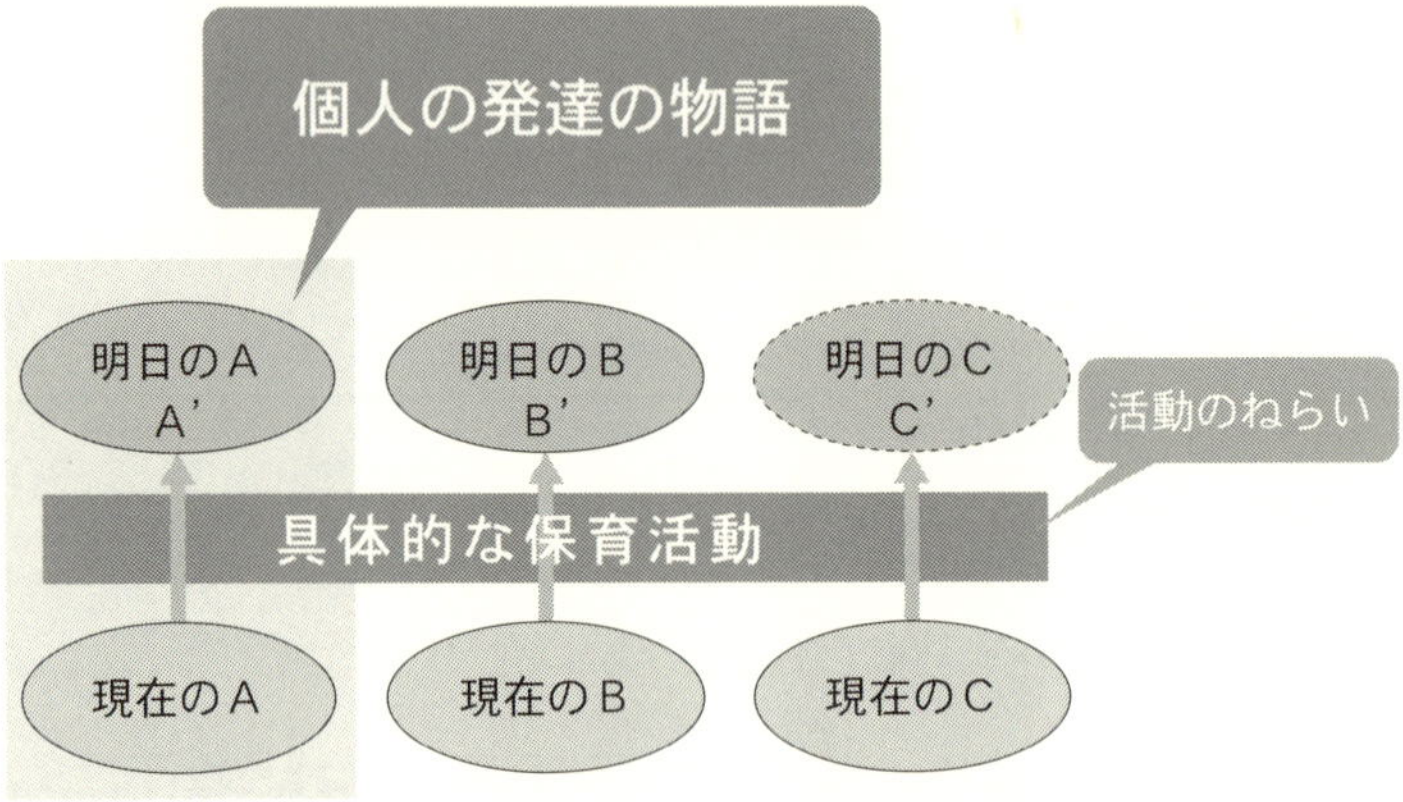

経験する過程で、それぞれの子どもが、それぞれ異なる「発達の物語」を生み出していき（図1-1）、そうした個別の「物語」のアンサンブルとして、クラスの活動の「物語」が形成されていくのです（図1-2）。

この、クラスの活動の「物語」が、保育者の側からいうと「計画と実践の総体」としてのカリキュラムということになるのです。つまり、一人ひとりの子どもの中に形成される「発達の物語」としてのカリキュラムと、クラス単位で展開される「計画と実践の総体」としてのカリキュラムという二つのカリキュラムが、実践の展開過程で同時に動いていくということなのです。

しかしながら、こうしてカリキュラムという言葉を多様に定義していくと、どうしても別個のカリキュラムがバラバラに存在しているような印象を与えてしまいます。そこで、この二つのカリキュラム概念を、一体のものとして表現することはできないものかと、私は考えるようになっていきました。そして、そこで思いついたの

●図1-2　「クラスの活動の物語」としてのカリキュラム

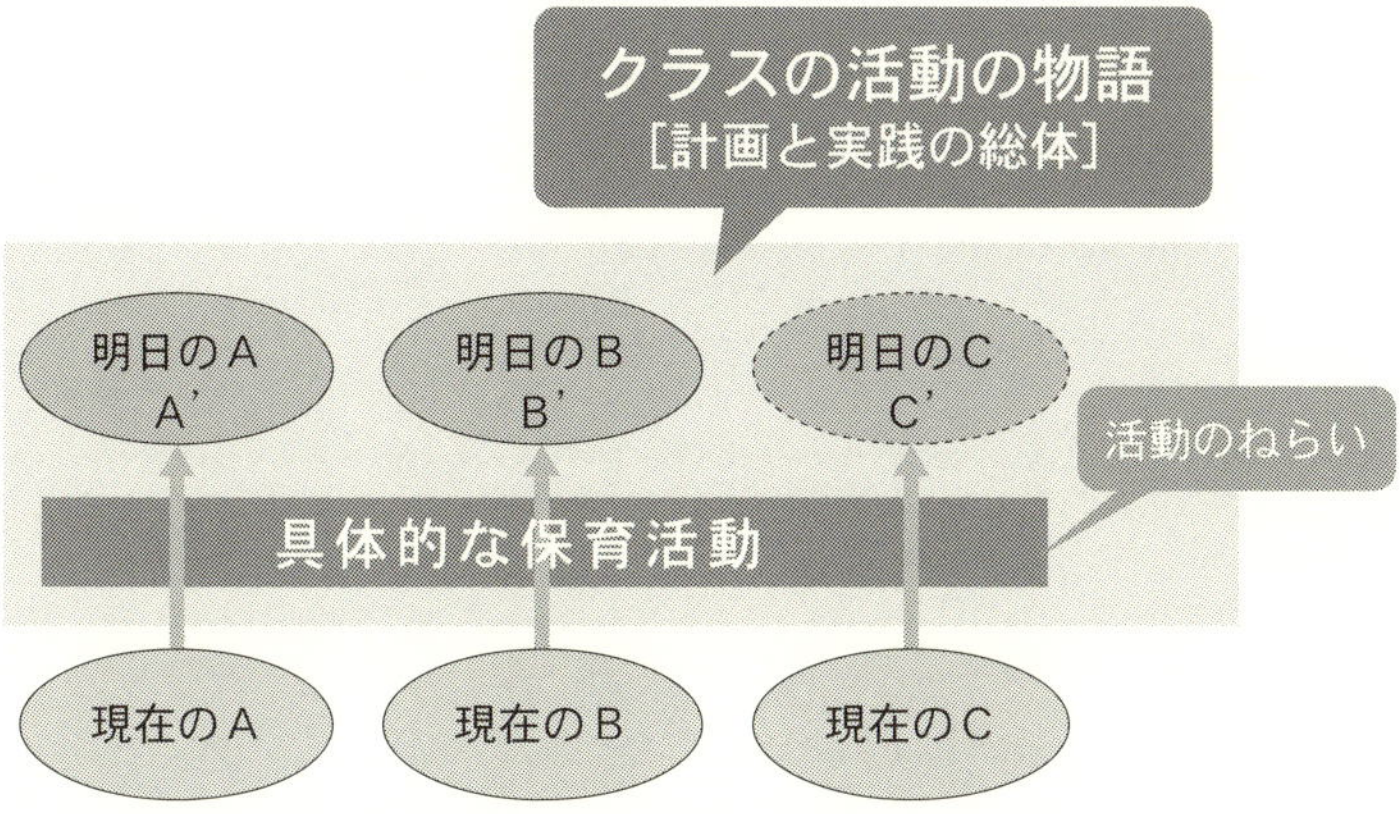

が、布地の表地と裏地の関係としてカリキュラムを整理することだったのです。

つまり、表地が「計画と実践の総体」として展開される「クラスの物語」で構成されるのに対して、裏地はそれぞれの子どもの「経験の履歴」と「発達の物語」で構成される、そんな布地を編んでいく営みとして保育実践を構想してみようと考えたわけです。その場合、薄い絹のような布を思い浮かべるのではなく、太い糸で編まれたじゅうたんのようなものを思い浮かべるといいかもしれません。裏地はけっして美しい模様を形成してはいないのですが、太く存在感のある糸で編まれている、そんな布地のイメージです。

じつは、あるところでこんなことを話していたら、ある保育者から「どうして『一人ひとりのかけがえのない物語』のほうが裏地なんですか」と質問を受けたことがあります。質問した保育者にしてみれば、一人ひとりの発達の物語を表地で表現すべきではないかと言いたいのでしょうが、私はやはり裏地のほうがピッタリくると思っています。なぜなら、一人ひとりの「発達の物語」がいつ到来するか、それは予想ができないからです。ジュンコが最後の最後で変化を見せてくれたように、それぞれの子どもが飛躍する瞬間は、それぞれの子どもが自分で決めるしかないのです。ある活動をしているとき、他の子どもの糸ばかりで、その子どもの糸は表地にあまり出てこないかもしれません。しかしながら、また別の活動のとき、その子の糸が表地を構成するように配慮していけばいいのです。

もちろん、これはあくまでも比喩に過ぎません。大切なことは、集団保育を展開していく場合、クラス全体の「物語」と、一人ひとりの中に形成される「発達の物語」とをアンサンブルのように響かせながら実践を展開していく点にあるのです。

注

（1）拙著『保育者と子どものいい関係』ひとなる書房、一九九三年

（2）拙著『早期教育が育てる力、奪うもの』ひとなる書房、一九九五年、『しあわせのものさし』同前、一九九九年

（3）鹿島和夫『続 一年一組せんせいあのね』理論社、一九八四年

（4）拙著『子どもの自分づくりと保育の構造』ひとなる書房、一九九七年

第2章

「物語」としての保育実践

1 保育実践論と物語論との接近

子どもたちが生活し、活動する空間は、多くの「物語」で満ちあふれています。

子どもたちは、日々経験する諸々の出来事の中に「意味」を見出し、そうやって自覚した「意味」と「意味」の間に「物語」を創り出しながら、毎日を生きています。そしてそうやって創り出した「物語」と「物語」の間に、さらに大きな「物語」を見出し、それを「人生の物語」として自分の身体の中に刻み込んでいくのです。

もちろん、ここで言う「物語」とは、親たちが子どもに毎日のように語り聞かせる「昔話」のことではありません。家庭や園で子どもたちが出会う、絵本や児童文学のことを指しているのでもありません。子どもたちが生活し、活動する中で、自らの人生の中に形成していく「人生の物語（life story）」とでも言うべき「物語」なのです。

たとえば、こうした形で人間の中に形成される「物語」のことを、「二つ以上の出来事（events）をむすびつけて筋だてる行為（emplotting）」[1]と定義するのは心理学者のやまだようこさんですが、このように人間を「物語」を生成する主体として理解すると、保育に対する視点も、少し変化してくるように思えます。

つまり、それぞれの人間の「人生の物語」（ライフ・ストーリー）を、「ライフ（生、人生）を変化させていく物語」（生成的物語[2]）として読み取っていこうとやまださんは語っているのですが、考えてみれば私たちの人生がそうであるように、小さな乳幼児が生活し、発達していく姿は、まさに自分の「ライフを変化させていく物語」を生成していく姿なのだと思います。

実際、乳幼児の生活と発達は、常に「生成的物語」として展開される特徴を持っているのです。つまり、生起するさまざまな出来事の中に「意味」を見出し、その「意味」をつなげながら、主体としての「自分」を形成していくのが、乳幼児期を生きる子どもたちのリアルな姿なのです。

前章でも簡単にふれたように、私自身は、こうして乳幼児が発達していく姿を、これまで「自分づくり」という言葉で整理してきたのですが、それは乳幼児期という時期が、ドキドキするような経験を通して、子どもたちが、自らの人生を物語る主体として、「自分」の構造を獲得していく時期だと位置づけたからにほかなりません[3]。

重要な点は、こうした形で「自分づくり」の道筋を語っていこうとすると、どうしても個人の中に個性的に形成される「物語」生成過程に焦点を当てた実践と研究の語り口が必要になってくる点にあります。そしてそうした視点に立とうとすると、「『私という人間』をできるだけ排除するところ[4]」で成立してきた近代実証科学の方法論を拒否し、それに代わる新たな方法論を獲得することが、どうしても必要になってくるのです。

こうした視点から、人間の発達を語る方法として、主として心理学分野で模索・追究されてきたのが「物語論」だったとすれば、同じような問題意識から、教育学分野で追究されてきたのが、カリキュラムという言葉の再定義であり、そうやって新しく定義されたカリキュラム概念にもとづく、カリキュラム創造の営みだったのです。

たとえば十九世紀末から二十世紀初頭にかけて展開されたカリキュラム論のなかで、「学校において教師と子どもが創造する教育経験の総体[5]」を表現する用語として、カリキュラムという言葉が再定義されるようになったと佐藤学さんが整理していますが、それは同時に、一人ひとりの「学びの経験（履歴[6]）」を生成する営みとして、教育を再構築する努力の過程で生み出されたものでもあったのです[7]。

② 「物語生成」としての保育カリキュラム

たとえば世界の新教育運動をリードしたジョン・デューイ（John Dewey, 1859-1952）という人は、「その土地が完全に探検しつくされた後に構成され、最終的に仕上げられた」地図を教えることに躍起になっていたそれまでの教育を批判し、「探検家が、できる限り最適の方法で自分の道を発見し、道しるべをつけて、新しい土地にしるしをつけ」ながら地図を作る営みを、教育の営みとして提案したのは有名な話です(8)。

そしてその際デューイは、それぞれの子どもが「出来る限り最適の方法で自分の道を発見」し、「新しい土地にしるしをつけ」ながら探検していく「経験の履歴」を、カリキュラムという言葉で表現しようとしたのです。

考えてみたら、子どもにとって幼稚園・保育園で経験する生活は、ここでデューイが語るように、探検家が最初に地図を描いていく営みそのものなのかもしれません。どこへ到着するかわからないけれど、見るものすべてが興味・関心の対象となり、そこで寄り道をし、立ち止まりながら子どもたちは歩いていく……。そしてそんな一回限りの豊かな体験を、それぞれの子どもの「物語」生成の営みとして位置づけなおすことが、まさに幼稚園・保育所におけるカリキュラム創造の営みにほかならないのです。

こうした位置づけの下、私は幼稚園・保育所で子どもたちが経験する「経験の履歴」(保育カリキュラム)を、「生活カリキュラム」「環境構成カリキュラム」「経験共有カリキュラム」「生成発展カリキュラム」の四つに整理して考えることを提案してきたのですが、それはまさに子どもたちが経験する「物語」に、四種類のコースが存在していると考えたからにほかなりません(9)。

たとえば、毎日決まって通るコースが「生活カリキュラム」だとすると、そこから山道に入って冒険と発見をくり返していくのが「環境構成カリキュラム」です。また、冒険で疲れた身体を休めながら、保育者の語る太古の話に耳を傾け、心地よい音の調べに心をゆだねるのが「経験共有カリキュラム」だとするなら、そうした生活の中から生まれた小さな「物語」を、もっとすごい「物語」に創り変えていこうとして、知恵と力を合わせながら取り組んでいくのが「生成発展カリキュラム」なのです。

子どもたちは、こうして四つのタイプの道を保育者と一緒に進んでいくのですが、保育者はその際、山岳案内をするシェルパのような役割をはたしていくのです。保育者は、すでにそれらの道を何度か歩いたことがあり、どの道が安全かという知識を持っています。しかしながら子どもたちは、もちろんはじめての体験で、毎日が新しい発見のくり返しとなっていくのです。

重要な点はその場合、あくまでも冒険する道や方法を決める権利が、登山するパーティーの側に、つまり子どもの側に、基本的には委ねられている事実の中にあります。すると、ときに見当はずれなプランを立てながら道を開いていく過程で、子どもたちは思わぬ発見をしたり、別の道に入りたくなったりするではないですか。そんなとき、経験あるシェルパの予想をこえる発見が生まれたりするものなのです。つまり、そうやって保育者と子どもたちが一緒になって歩いていった「経験の履歴」を、保育カリキュラムという言葉で表現しようということなのです。

３ 「完成された地図」をどう描くか

おそらくこの場合、実践の鍵を握っているのが、子どもの声を聴き取り、それと対話する保育者の力量なのだと思います。

保育カリキュラムを四つのタイプに分類したのは、子どもが経験する活動や関係が異なるからですが、頭の中では四種類に分類・整理された計画が、実際の保育実践の場では縦横無尽に絡み合いながら、実践されていく必要があるのです。

つまり、計画の段階では四つの道に分類されていても、そのあとは子どもと一緒に探検し、山道を歩いていく経験は、保育者と子どもたちとの間に作り出される「一回性」と「偶然性」に基礎を置いた経験として創り出されていく必要があるということなのです。

その場合、子どもたちを事務的・命令的・強制的に歩ませようとするなら、保育実践はいきおい「保育者中心主義」に傾斜することになりますし、アドバイスもできずに子どもたちに任せているだけなら、放任型の「子ども中心主義」保育に陥ることになってしまうのです。

もちろん、大切なのは、その関係を「対話的関係」で徹底していくことにあるのですが、なんといっても「対話的関係」を切り結ぶ力が、保育者によってそれぞれ異なるわけですから、問題は複雑になってくるのです。つまり、保育者の対話能力の違いが、保育実践の質を決定するのです。

そこで、ここではこうした問題を、灰谷健次郎さんの『天の瞳』という小説に描かれた場面から考えてみることにします。この作品は、主人公の倫太郎くんが保育園に入るころから青年に成長するまでを追った「成長物語」なのですが、保育園入園と同時に引き起こされる数々の騒動を読んでいると、そこには保育実践の本質と保育者の専門性の問題を考えさせてくれる、おもしろいテーマが隠されているように私には思えます。

たとえば主人公の倫太郎くんが保育園の年少組に入園した直後の様子が、小説の中では次のように描かれています[10]。


保育園がはじまって新しい先生たちが最初に覚えた子が倫太郎だった。

「あの子、どういう子?」

「ゴンタさんはゴンタさんでも、ウルトラスーパーだわ」

「白組さんの子とけんかして、年長さんを泣かせてしまうんだから」

倫太郎が話題にのぼらない日はなかった。

倫太郎は赤組で、四歳になったばかりの年少である。年少と年長の間に、年中があってこれは緑組だった。

保育園では午睡の時間がある。若い先生が戦々兢々とする時間だった。

「倫太郎ちゃん。いい子だから……寝っころがるだけでもいいから……ね」

セイコ先生がいう。

「いい子じゃないもーん」

憎らしく倫太郎がいう。

「とりあえず、寝ころがりなさーい！」

エリ先生が強くいった。

「とりあえずって、なにィ」

倫太郎はエリ先生をからかっているのである。

「もォう……」

モォー、モォーと倫太郎は牛の啼き声を真似た。

もうここまで読んでくると、いったい倫太郎くんがどんな子どもで、彼がクラスの中でどんな位置を占めているのか、容易に想像できると思います。問題はこんな倫太郎くんに対して、保育者たちがいったいどのような対応（実践）を展開していくかという点にあるのですが、これがけっこうおもしろいのです。

たとえば、倫太郎くんたち三歳児の集団が、砂場で力を合わせて大きな山や小さな山を次々作り、それをトンネルでつないで遊んでいる場面が、次のように書かれています(11)。


「ジャーン」

と足を踏ん張り両手を広げ気合をこめる。

「ハカイ魔ァ！」

倫太郎は叫ぶ。体が跳ねる。砂の山に体当たりして、めちゃくちゃ手足を振り、転げ回った。

「あーあ」

おおかたの子どもはため息をつく。

「せっかく作ったのに……」

口に出して、そういう子もいる。

そのうち倫太郎と同じ行動をとる子どもも出てくるのだった。

せっかく作ったものを壊されたと思った子のひとりが、そのことを保母のリョウコ先生に告げ口した。

「倫太郎ちゃん、園長先生のところへ行きましょうね」

リョウコ先生はちょっと冷たくいった。

「なんでェ?」

「あなた、みんなで作ったものを壊したじゃない」

と、こんな感じでリョウコ先生と倫太郎くんの会話は展開していくのです。

もちろん、こうしてリョウコ先生との間に作られる関係も、倫太郎くんの「かけがえのない物語」となっていくのですが、同じような場面でも、違った「物語」を創り出してくれるのが、園長の園子先生です。

園子先生は、ゆったりとした言葉遣いで、まず倫太郎くんとの間に「対話の土俵」を作り出し、そのうえで倫太郎くんの砂場遊びについて語りかけていくのです[12]。

「倫太郎ちゃんはトンネル遊びが好きよね」

倫太郎はもうひとつ、こっくり首を折った。

「お母さんのお迎えが遅くなったとき、倫太郎ちゃん、ひとりでたくさんたくさん、トンネルを掘ったもんね」

倫太郎はうなずく。

「あのときも、おしまいにトンネルをみんな壊しちゃった。わたし、見ていたんダ。倫太郎ちゃんは、とても楽しそうだった。倫太郎ちゃんはトンネルを作るのも、壊すのも好きなんダ。そうでしょう？」

倫太郎はあごを引き、ちょっと威張った感じでうなずいた。

「倫太郎ちゃんがひとりでトンネルを掘って、そして壊しても誰もなんにもいわなかったのに、みんなで作ったトンネルを壊した時には文句をいわれちゃった。そうよね、倫太郎ちゃん」

倫太郎は少し考えて、それからこっくりうなずいた。

園子さんはそのことについて、それ以上、なにもいわなかった。

「倫太郎ちゃんはこれからトンネルを百、作るかな。千、作るかな。一万かな。それから、トンネルを百、壊すかな。千、壊すかな……」

園子さんは楽しそうにいった。

元気をとり戻した倫太郎は、

「あのね、あのね。一万がね、三十個ォ」

と目をきらきらさせていった。

ここで倫太郎くんが目を輝かせたのは、園子先生との関係が「対話的」になったからにほかなりません。「対話」というのは対等で、相互主体的な関係を前提にしているわけですから、対話的保育を創り出そうとすると、まずこうした関係を作り出すことが、保育者の必須条件となってくるのです。

実際、リョウコ先生の倫太郎くんに対する対応と、園子先生の対応とでは、明らかに関係の土俵が違っていることがわかります。リョウコ先生は倫太郎くんにふり回されながら、ただ一方向的なメッセージを投げかけているだけなのですが、園子先生の場合は、あくまでも対話的なのです。

４　子どもと対話できる保育者、できない保育者

もちろん誤解してはいけませんが、ここで「対話的」という時、それは子どもと「会話」する量が多いということではありません。会話の量でいえば、リョウコ先生だってけっして負けているわけではないのです。ところがリョウコ先生の言葉は、倫太郎くんのところに届いていないのです。つまり、二人の間に対話的関係は成立していないのです。

さてそれでは、倫太郎くんに対する二人の対応の、いったい何がそんなに違うというのでしょうか。そして保育者が子どもと対話的関係を作るということは、いったいどのような関係を作り出すことをいうのでしょうか。

たとえば先の事例の中で、園子先生とリョウコ先生の違いを考えるとき、まず頭に思い浮かぶのが、倫太郎くんに関する情報の質と量の違いです。リョウコ先生の情報は、問題行動を起こし

て保育者を困らせる事例の集合体として形成されているのですが、この「集合体」が、倫太郎くんを見つめるリョウコ先生の中で、無意識の色眼鏡（フィルター）になっているのです。

そして、そんな「無意識の色眼鏡（フィルター）」をかけてしまったリョウコ先生は、あれこれと問題を起こす倫太郎くんに対して、集団生活をしていくうえで必要な「社会的知性」を教え、それを守らせることに、保育者として存在する自分の価値を見出していこうとします。

ところが、これが園子先生の場合は違っているのです。倫太郎くんの起こした砂場の事件を耳にして、園子先生がまず思い浮かべたのが、自分で作ったトンネルを自分で壊して遊んでいた過去のシーンだったというのです。

数日前に倫太郎くんは、満足げにトンネルを作り、満足げにトンネルを壊していた……。そんな倫太郎くんが、今回もまったく同じように砂場で楽しんでいたのに、今度は先生に一方的に叱られてしまった……。その二つの「物語」を、自分の中でどのように一つの「物語」に整理すればよいかわからず、倫太郎くんはとまどっている……。そう考えた園子先生は、倫太郎くんの心の動きに対して語りかけているのです。

しかしながら、園子先生の対応を「対話的」にしている理由は、それだけではありません。三歳児の倫太郎くんのことを、自ら意味を作り出し、思考しながら行動する、そんな行動主体として尊重しようとする姿勢で、対応のしかたが貫かれている点が重要なのです。つまり、保育者と子どもの関係を、相互主体的な関係になるように配慮している点が優れているのです。

たとえばブラジルの教育学者パウロ・フレイレ（Paulo Freire, 1921-1997）は、教育の場で「対話性」が確保されるためには、「一方の主体の語りかける言葉が、共通な意味作用の枠組にすくいあげられて、もう一方の主体の了解しうるものになることが必要[13]」だと述べていますが、まさにそうした関係が、園子先生と倫太郎くんの間には作り出されているということなのです。

フレイレの言葉を、園子先生の行動に置き換えてみると、次のように整理できます。

つまり、保育者として気づいてほしい内容（意味A）を言葉に置き換えたとき、そうして語られた言葉（言葉A'）が、語りかけられる子どもにとって「了解しうる」ものにならない限り、「対話」は成立しないとフレイレは言うのです。

そしてその場合、「共通な意味作用の枠組」の中で言葉を共有することが重要だとフレイレは指摘するのですが、園子先生のかかわり方は、この「共通な意味作用の枠組」を作り出すことに成功しているが故に「対話的」になっているということなのです。

大切な点は、二点あります。

一つは、言葉を選ぶ際、砂場遊びで倫太郎くんが作り出した「意味」の世界を、倫太郎くん自身が確かめ、整理できるように言葉が選ばれている点です。

たとえばそれは、園子先生の語る言葉が、自分の考えをメッセージとして伝達する言葉ではなく、あくまでも倫太郎くんの心の中に作られた思い（意味B）が、園子先生の語る言葉によって、自分で「了解しうる」もう一つの価値（B'）にまで高められていくように配慮されているのです。

●図2-1　倫太郎くんと園子先生の対話的関係

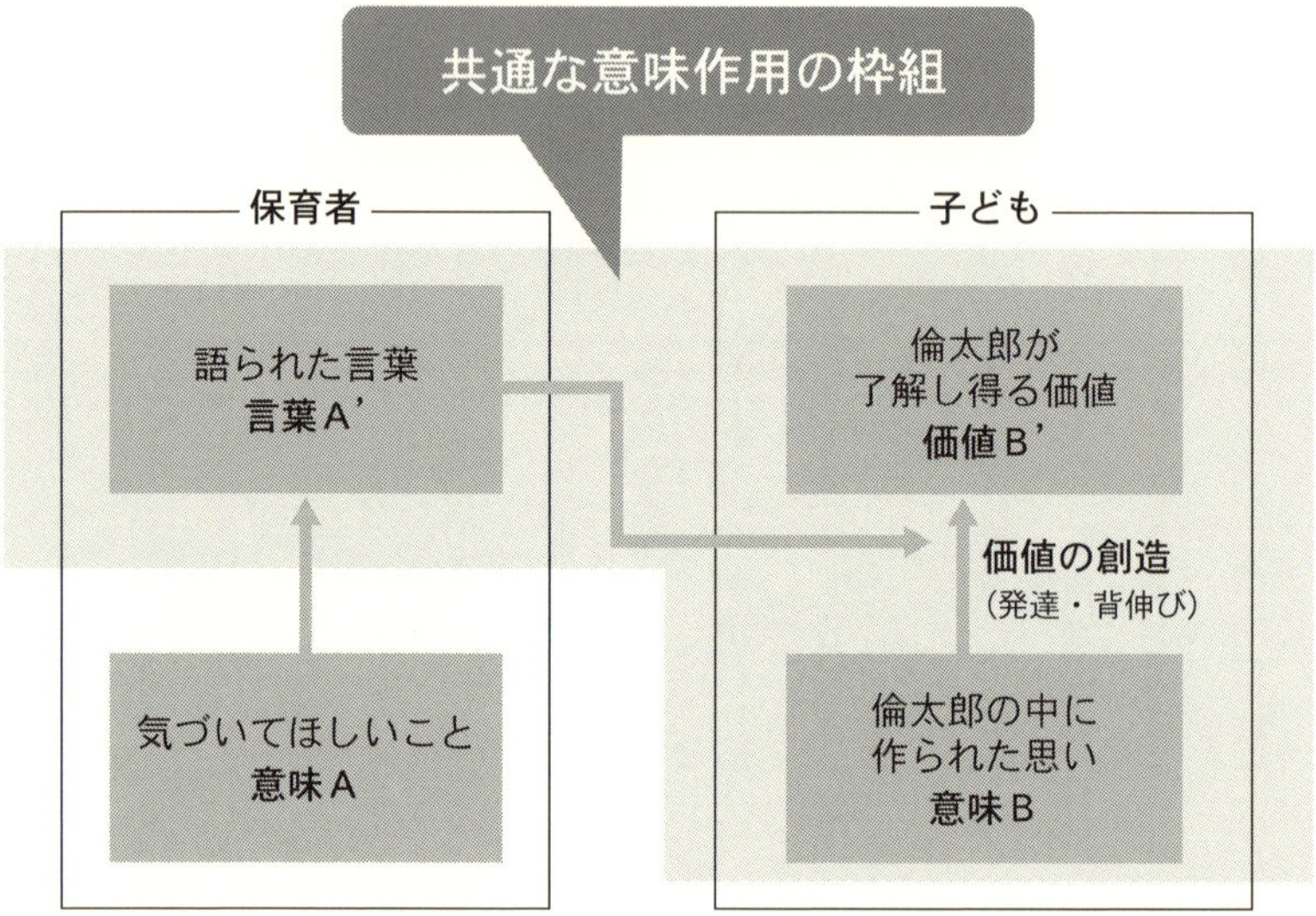

つまり、倫太郎くんが自分自身の力で体験を「物語」化する営みに、園子先生の言葉が有効に機能しているということなのです（図2-1）。

もちろん、こうした対話的関係を成立させる背後に、日常的に園子先生が心に留めている、倫太郎くんの姿があることを見落としてはいけません。しかもそうやって心に留める情報が、自分の中に意味を作り出し、その意味をつなげながら活動しようとする、そんな子どもたちの内的能動性を大切にする姿勢で貫かれている点が、すばらしいのです。

二つ目に大切な点は、対話的関係を作り出す園子先生の姿勢です。いや、姿勢というよりむしろ、子どもとの間に「対話の土俵」を作り出すセンスのよさとでも言えばいいでしょうか。

たとえば先の事例を読んでいて、リョウコ先生やエリ先生に対してあれだけ反抗的だった倫太郎くんが、なぜ園子先生に対して対話的に対応することができたのか、不思議に思った人もいるのではないでしょうか。

もちろん、それはけっして偶然生じたわけではありません。対話的関係に導いていく園子先生のかかわり方に、じつはその秘密が隠されているように、私には思えるのです。小説の中で、このあたりの様子は次のように描かれています。[14]

「倫太郎ちゃん。わたしとお話しましょう」

お話したくない、と倫太郎はいう。

「わたしは倫太郎ちゃんとお話がしたいの」

園子さんは倫太郎の肩に手をやった。

園子さんは子どもと話すとき、ひとつ、段になっている板の間に子どもをすわらせ、自分はしゃがみこんで目の位置を同じにする。

倫太郎はそれも苦手なのであった。

そのときもそうされて倫太郎はもじもじした。

「もじもじされるとお話しにくいナ」

「立たせてくれたら、もじもじせん」

「こうしてお話する方が、お話しやすいじゃない」

「ほな、もじもじする」

倫太郎は逆らった。

「じゃ、今日は特別。倫太郎ちゃんの横にすわるね。これでいい？」

倫太郎はこっくりうなずいた。

「こっくりするときの倫太郎ちゃん、とってもかわいい」


何も重要な問題が、「対話の土俵」を作る技術・方法にあると言いたいわけではありません。そしてすべての保育者が、園子先生のような姿勢と語り口で子どもとかかわるべきだと言っているわけでもありません。

しかしながら実際の保育実践の場面では、こうして「対話の土俵」を作り出していくセンスの違いが、実践を決定づけるくらい大きな意味を持つことがあるのです。なぜなら、どんなに工夫された言葉も、お互いに理解し合おうとする関係が成立していないところでは、ただの音の塊にすぎないわけですから。

5 保育者の対話能力

以上見てきたように、『天の瞳』に描かれた小さな場面を見るだけで、幼児の生活と教育の場が、たくさんの「物語」の複合体として構成されていることを理解することができると思います。たとえば、同じように保育園の生活を経験しても、倫太郎くんがセイコ先生の間に作っていく「物語」と、リョウコ先生との間に作り出す「物語」とでは、違うものになっているのです。もちろん、園子先生との間に作られる「物語」は、先の二人の先生とはまた違った「物語」を倫太郎くんの中に作り出していくわけです。

大切な点は、そうやって自分の中に創り出された多様な「物語」を、自分自身でつなげながら、それぞれの子どもが幼稚園・保育所における自分の「物語」を構築していく点にあります。つまり幼児期という時期は、こうした自分の「物語」を、自分の中で創り出していく力を形成・獲得していく時期にほかならないのです。

そして保育者の専門性は、そうやって子どもたちが「かけがえのない自分の物語」を構築する主体として発達していく道筋に、対話的にかかわっていく点にあるといえるのですが、この「対話能力」が保育者によって異なるわけですから、問題は深刻です。

　つまり、簡単に言うと園子先生の「対話する力」と、セイコ先生やリョウコ先生の「対話する力」との間には、大きな質の違いが存在しているのです。

　たとえば、園子先生が倫太郎くんとの間に作り出している対話的関係が、どんな構造を持っているかという点に関しては、さっき考えてきました。しかしながら、リョウコ先生に対して、「園子先生のように成長しなければだめだ」と説教したところで、問題は何にも解決しません。

　そこで、保育者の中に形成された対話能力の差をどうやって埋めていくかという問題ですが、おそらくそのためには、三つの努力が必要になってくると思います。

　一つは、保育の思想・理念・目標について深い学びを続け、専門家として高め合うことです。二つ目は、子どもの中に形成されつつある「物語」の世界を、「実践の記録」として書き続けることです。そして三つ目が、そうやって書き続けた「実践の記録」を、「保育実践記録」として整理し、保育理念・思想につき合わせながら集団的に検討をする習慣を持つことです。

　これら三つの中で、決定的に重要になるのが、第一の課題です。

　こう言うと少し意外に思う人がいるかもしれませんが、園子先生と、他の先生の対話能力の違いは、じつは倫太郎くんに対する情報の量や、子どもとの関係を作り出す保育技術の中にあるのではなく、保育に対する思想・理念の違いにあったのです。

　たとえば、同じ場面を見ていても、それを大切な場面として位置づける人と、その場面が記憶にすら残らない人がいるのは、なぜでしょうか。子どものする同じ行動を、「おもしろい」と感じる人がいるかと思えば、「許せない」と感じる人がいるのは、なぜでしょうか。あるいは、子どもの行動を見て、活動発展のイメージがわき出る人と、その先の活動がイメージできない人がいるのは、なぜなのでしょうか。

これらすべてが、個別の能力の差にではなく、保育者としての行動をまとめあげる、言い換えれば保育者としてのアイデンティティーを牽引する、思想・理念の違いにあるのです。

⑥ 保育実践における三つの物語

このように、確かな思想と理念を持つようになってくると、保育実践がよく見えるようになってくるのです。ちょうど、優れたカメラマンが、シャッターチャンスを逃さないように、実践のポイントとなるエピソードを書き取ることができるようになってきます。これが「実践の記録」を書き続ける、専門家としての保育者が実行しなければならない、二つ目の仕事になります。

そして最後に、その記録を「実践記録」に整理し、集団的に議論することで、保育実践の質を高め合っていくことが必要になってくるのです。

たとえば『天の瞳』の中でも、子どもたちの中に形成される「物語」と、それを見つめる保育者の「物語」との間で、悩み合う保育者たちの葛藤の姿が描かれています。議論のきっかけになったのは、押入れの真っ白い戸に落書きをした子どもの行動にありましたが、職員会議の議論の焦点は、それを容認した保育者の姿勢に向けられていったのです(15)。

らくがきはそれまでにもあったことだが、おおっぴらにやらせたことが問題になった。子どもにそれを許したケイコ先生がいった。

「この園は全部、子どものもの、子どもの世界なんでしょ。らくがきだって許されていいと思うわ。らくがきのある部屋ってすてきだと思うけど」

シノブ先生がいった。

「子どもの絵で部屋を飾るのと、壁や戸にらくがきをするのは、まるっきり違うでしょ。無神経を子どもの中に植え付けるようなものだわ」

と、こんな感じで職員会議は展開していくのです。

小説の中では、子どもの要求だからとなんでも許容し、結局「保母はなんにもしてない」と語るシノブ先生の言葉をきっかけに、子どもの「物語」生成における保育者の役割をどう考えればよいかという議論へと発展していくのです。

しかしながら興味深いのは、職員会議におけるこうした議論をきっかけに、倫太郎くんの描いた一枚の絵のことが話題に上り、この園における「子どもの活動要求」と「保育者の教育要求」の接点の作り方という、きわめて原理的な議論にまで、論争が発展していく点にあります。そこに示されたのは、白い画用紙に、五センチ大の黒い丸が描かれたものだったのですが、その作品ができあがるまでの顛末を語る園子先生の言葉は、まさに倫太郎くんの心の中に生成する「物語」の軌跡を追うように、展開していくのです[16]。

「わたしはどんな絵を描いたのかはあまり気にならなくて、倫太郎ちゃんが、つまり子どもが、そこでどれほど熱中したかが気になるのね。熱中ということのなかにおもしろさと緊張があるなと、わたし子どもを見ていて思った。倫太郎ちゃんはせっかく描いた絵をつぎつぎ壊して、また新しい世界に向かっていったでしょう。それはたいへんな緊張だと思うの。やり出せば、もう一心不乱よね。それはきっとおもしろさの世界でしょうね。子どもの仕事、子どもの表現はそのくり返しだなって倫太郎ちゃんに教えてもらいました」

考えてみればこうして子どもと保育を語り合う営みの中に、教育を語る保育者たちの「物語」が存在しているということなのでしょう。

矢野智司さんは、教育の場で展開する物語の構造が、「実践レベルで交わされる『教育における物語』と、その実践レベルを語る物語としての『教育についての物語』と、そのような『教育についての物語』をまとめあげる『教育という物語』[17]」という「三つのレベルの物語」で構成されていると分析していますが、おそらく保育実践における「物語」の構造も、こうした構造で成り立っているのだと思います。

たとえば、子どもたちとリョウコ先生や園子先生との間に形成される個別の「物語」を「教育（保育）における物語」とするなら、職員会議の場面が「教育（保育）についての物語」であり、そして小説の中ではそれらをつなげて意味づけようとする灰谷さんの目線が「教育（保育）という物語」を構成しているということになるのかもしれません。

一般的にはこの三つのレベルの「物語」は、「教育（保育）という物語」を頂点に重層構造で構成されていると考えられているのだろうと思います。

しかしながらこれまで見てきたように、実際の保育実践の「物語」は、実践を記録する「教育（保育）における物語」と実践を語り合う「教育（保育）についての物語」とが相互に影響を与え合うのに対して、理論で固められた「教育（保育）という物語」だけが独立した位置にあるというのが現実なのだろうと思います。

ここで問題になるのが、この「教育（保育）という物語」を起点に、上意下達の発想で保育を徹底しようとしても、子どもの中に生きいきした「物語」を生成することは不可能だという事実です。なぜなら、保育実践を含めて教育という営みは、子どもたちが自分自身の中に「物語」を生成発展させていくことが、何よりも大切にされなければならないのですから……。

たとえば、人間は「自分についての物語を自分に対して語ることで、『自分が自分である』ことを確認しつつ生きている」存在だと毛利猛さんは整理し、こうした形で展開される人間の営みをポール・リクール（P. Ricoeur, 1913-2005）の言葉を借りながら「物語的自己同一性」という言葉で表現しています。毛利さんは、この「物語的自己同一性」は、自らの「人生物語を物語るたびごとに、たえず解体され更新され続ける」[18]点に特徴があると分析していますが、それはおそらく、まだ話し言葉しか持たない幼児の段階でも有効だと思われます。

しかしながらそれと同時に、「教育（保育）という物語」が保育実践に対して、どのように働きかけることができるかという問題を、どうしても考えなければなりません。それは、幼稚園・保育所で作成する教育課程・保育課程が具体的な保育実践に対してどのように力を持つのかという問題であると同時に、保育理論が保育実践に対してどのように意味を持つのかという問題でもあるからです。

注

（1）やまだようこ「人生を物語ることの意味——ライフストーリーの心理学」やまだようこ編著『人生を物語る——生成のライフストーリー』ミネルヴァ書房、二〇〇〇年、三頁

（2）同前

（3）拙著『子どもの自分づくりと保育の構造』ひとなる書房、一九九七年

（4）毛利猛「教師のための物語学」矢野智司・鳶野克己編『物語の臨界——「物語ること」の教育学』世

織書房、二〇〇三年、三〇頁
(5) 佐藤学『カリキュラムの批評——公共性の再構築へ』世織書房、一九九六年、四頁
(6) 同前
(7) 日本の幼児教育の中に、カリキュラムという概念が導入されていった過程については、拙著『対話的保育カリキュラム(上・下)』(ひとなる書房、二〇〇七年、二〇〇八年)を参照。
(8) ジョン・デューイ「子どもとカリキュラム」『学校と社会・子どもとカリキュラム』(訳・市村尚久)講談社、一九九八年、三一頁
(9) 拙著『対話的保育カリキュラム(上)』(前掲)参照。
(10) 灰谷健次郎『天の瞳　幼年編Ⅰ』一九—二〇頁、新潮社、一九九六年
(11) 同前、二三—二四頁
(12) 同前、二五—二六頁
(13) パウロ・フレイレ『伝達か対話か』(訳・里見実ほか)二二〇頁、亜紀書房、一九八二年
(14) 灰谷前掲書、二四—二五頁
(15) 同前、八二頁
(16) 同前、九二～九三頁
(17) 矢野智司・鳶野克己編『物語の臨界——「物語ること」の教育学』世織書房、二〇〇三年、三一〇頁
(18) 同前、三四頁

第3章

生成発展カリキュラムと保育の目標

① 課題としての「集団の物語」

さてこれまで、「経験の履歴」として「カリキュラム」を再定義することの意味と、そうして子どもの中に形成される「経験の履歴」を、「かけがえのない発達の物語」として整理することの意味について考えてきました。それは、「自分づくり」の道程を歩む乳幼児を対象とした保育実践のリアルな課題が、まさにその点にあるという問題意識にもとづいて検討してきたものだったのですが、ここまで考えたうえで、私にはどうしても解決しなければならない大きな問題が残されていました。

それは、個々の子どもの「発達の物語」を大切にした集団保育のイメージをどのように整理すればよいかという問題です。一人ひとりの「発達の物語」を創り出しながら、クラス全体の「集団の物語」を導いていくのが保育者の仕事なのです。集団保育における「集団の物語」と、個々の子どもの「発達の物語」とを結びつける保育実践のイメージを明確にすること。これが、私に残された課題の一つだったのです

たとえば私は、子どもが四歳半になるころまでは、集団の中で「自分づくり」の課題に応える

ことを大切にし、四歳半を過ぎるころから、それまでに獲得した「自己内対話能力」を基礎にしながら、集団で「協同的活動」に挑戦する保育実践へと質的転換を図るといった提案を、これまでもくり返し行ってきました。

ただし、四歳半までの段階で、子どもの中に「自己内対話能力」を育てる課題に保育現場が四苦八苦している現実を見ていると、なかなか幼児後期の「協同的活動」の提案を積極的に展開できないでいたのです。しかしながら、あることを契機に、もっと積極的にこの課題に向き合う必要性を考えるようになっていき、「対話的保育カリキュラム」の中心課題に、「協同的活動」を位置づけることにしたのです。

私にそれを決意させた直接のきっかけは、三つありました。

一つは、「自分づくり」に困難を抱えた子どもの荒れた行動をきっかけに、五歳児クラスの集団保育が崩壊しかけているという相談に何件かのっているうちに、個々の子どもの困難に向き合うだけでは、問題をより深刻にする事実に気づいたことにあります。こうしたクラスの担任保育者は、本当にみんなよくがんばっていたのですが、特定の子どもに寄り添っているうちに、その保育者を独占したいという願望を、逆に強めてしまっているケースに、いくつか遭遇したのです。そこで逆に、集団保育らしい活動を組織する中で、それぞれの子どもの「自分づくり」の弱さに向き合っていく……。そうした視点で保育実践をデザインしていくべきではないかと考えるようになっていったというわけです。

二つ目は、「集団」や「民主主義」について理念的な問い直しをする過程で、「対話」という概念と出会ったことにあります。直接にはパウロ・フレイレの思想に出会ったことが大きいのですが、それも含めて「対話」という思想で「集団保育」を再定義すると、その中心をなす活動として「協同的活動」が浮かび上がってきたということです。

そして第三の契機は、私がこうした課題に向き合っているとき、レッジョ・エミリアの保育実践に出会ったことにあります。レッジョの話は、その当時、ＥＣチャイルド・ケア・ネットワークを中心に研究を展開していた木下龍太郎先生から聞かされたことが最初でしたが、それからいろいろ読み進んでいくうちに、レッジョのカリキュラム論に興味を持つようになっていったのです。

② イマージェント・カリキュラム

実際、レッジョ・エミリアでプロジェクトを中心に展開されていた保育実践は、私が求めていた幼児後期の「協同的活動」を、理論的にも実践的にも深めた、興味深いものでした。

もちろん、未だにその全貌が理解できたわけではありませんが、実践や研究を読み進めている中で私の興味をひいたのが、『子どもたちの100の言葉』に紹介された「恐竜のプロジェクト」であると同時に、オーストラリアのスーザン・ライトの論文タイトルに採用されていた「イマージェント・カリキュラム」という言葉だったのです。

とくに、「イマージェント・カリキュラム」という言葉に出会ったとき、私にはこれが、集団保育に新しいイメージを付与する言葉になるように思えたのです。

実際、「暗闇や水の中から突然出てくる」様子を意味するemergeを原義とするemergentという言葉に出会ったとき、私は以前から探し続けていた大切なものと出会ったような、そんな気持ちになったことを、今でも覚えています。

常に新しい何かが「生成」してくる、この言葉のイメージの中に、保育計画そのものを子どもと保育者とで生み出していく、そんな保育実践のイメージを私は感じ取っていったのです。いつも新しい喜びを生み出していく、保育者も主体であれば子どもも主体といった相互主体主義の保育実践のイメージを、私は思い浮かべていたのです。

たとえばこのイマージェント・カリキュラムは、エリザベス・ジョーンズとジョン・ニモによって次のように定義されています。

　計画自体が子どもたちと大人たちとの日常の生活の中から、とりわけ子どもたちの興味・関心から生起していき、子どもたちの自発性と、教師の計画性との絡み合いで活動が発展してい

くカリキュラム。(1)

ここに記されている、計画自体が「子どもたちの興味・関心から生起」していく実践というイメージが、まずステキではないですか。そしてそれと同時に、その計画が「子どもたちの自発性と、教師の計画性との絡み合いで」発展していく展開過程が、おもしろいではないですか。保育者も主体、子どもも主体という相互主体主義の保育実践は、まさにそうした関係の中で創り出されていくものなのです。

3 レッジョ・エミリアの保育カリキュラム論

ところで問題は、こうした保育実践のイメージを、保育計画の中にどのように書き込むことができるのかという点にあります。

実際、これまで「保育目標のない保育実践など存在しない」ように、「保育計画のない保育実践は存在しないのだ」ということで、保育者たちは懸命に保育計画を作成してきたのですが、「子どもたちの興味・関心から生起」していく計画を、保育実践がはじまる前に書いておくことなど不可能です。そして、そうやって生み出された計画に、あらかじめ目標を書き込んでおくこともできません。つまり、保育について考えられてきた、次のような常識が、ここでは通用しないということなのです。

目標 → 内容（活動）→ 方法（指導上の留意事項）→ 実践

ではこの問題に、レッジョ・エミリアではどういう考え方で臨んでいるのだろうか……。そんな思いで、レッジョの保育実践について検討してみることにしたのですが、こうした問題に答えるローリス・マラグッチ（Loris Malaguzzi, 1920-1994）の言葉は、いろいろな意味で示唆に富んでいます。

たとえば、レッジョのカリキュラムについてマラグッチは次のように語ります。

私たちの学校には、行動主義者が好む単元と小単元（授業案）で計画されたカリキュラムは、これまでもありませんでしたし、今もありません。そのようなカリキュラムは、学びなしで教える活動へと学校をかりたてるでしょうし、形式や模倣や、気前の良い販売業者のいる出版社のハンドブックにゆだねることによって、学校や子どもを貶めてしまうでしょう。(2)

つまり、レッジョには「授業案」のような保育計画は存在しないのだとマラグッチは明言します。もちろん、ここでは「授業案」のような保育計画が存在しないと言っているだけで、計画そのものがまったく存在しないと言っているわけではありません。たしかに保育者たちは、「プロジェクトの輪郭」のようなものは作成し、保育に臨むのだとマラグッチは言います。

計画されたカリキュラムではなく、毎年、それぞれの学校は、短期のものもあれば長期のものもあるのですが、一連の関連するプロジェクトの輪郭を提示しています。それらの主題は、建物の構造をなす主要な支柱を示しているのですが、子どもにとってはイベントの方針となり、教師にとっては、その建物を、その支柱を基にした小屋にするのか、アパートにするのか、それともその他の何かにするのかを決定するものになっています。(3)

このように、実践を導くラフスケッチのようなものは描いておくというのです。そしてそのラフスケッチをもとに、保育者と子どもとの共同作業として、プロジェクトを創り出していくというのですが、同様の問題をアトリエリスタのリナルディは、次のような言葉で説明しています。

私は、［私たちのカリキュラムのことを説明するとき］旅路というメタファーを使っています。旅では、あらかじめ決まったルートと時間に沿った列車に乗るというより、むしろ方向を示す磁石を使って行き先を見つけ出すからです。[4]

そして、この「磁石」の役割を果たすのが、保育者たちが持っている「子ども観」であり、「目標」であり、それぞれの子どもについて記述した「ドキュメンテーション」だというのです。と、こんなレッジョの議論を読んでいくうちに、私の中には次のような展開過程が見えてきたのです。

①保育者の頭の中に、研究し、学習し、子どもについて議論し合った知識が、重なり合い、複合し、融合した状態で存在している。
②それらは、保育計画の中に明示できるようなものではないが、子どもの中に要求が現れ、願いが表現されると、とたんにそれに反応し、対話しようとする。
③ただし保育者は、そうやって子どもと対話した経緯を、ドキュメンテーションの形で記録しておく。
④また保育者は、そのドキュメンテーションをもとに保育実践をふり返り、活動の発展の方向についてラフスケッチを描いておく。
⑤そして、そのラフスケッチをもとに子どもと話し合い、活動を展開し、その対話的実践の過程を、再度ドキュメンテーションに残しておく。

こうして活動が生成し、発展していく過程全体が、つまり子どもと保育者が一緒に歩いた「旅路」の全行程が、カリキュラムになっていくのです。つまり、生成発展していく実践においては、予定調和的に進むことを期待した「計画書」は意味がなく、むしろその計画が変容し、完成に向かって作り変えられていく道筋が重要になってくるのです。

さてそれでは、こうしたレッジョの保育カリキュラム論の中で、保育目標はどのように位置づけられているのでしょうか。この点についても、マラグッチの言葉は明快です。

もちろん、乳児保育所と幼児学校の教師は、それぞれの年次を第一段階の出発点から始めるわけではありません。教師たちは、その背後に才能・知識、実験・研究・ドキュメンテーション、そして成功と失敗を示す事例を、財産として持っています。教師たちは計画ではなく子どもに従っています。目標は重要ですし、視野から消えることはないでしょうが、もっと重要なことは、なぜ、そしてどのように目標に到達するかにあります。(5)

つまり、目標はすべて保育者の頭の中にあるということなのです。しかも複雑な内容を持った目標が、絡み合いながら存在しているのです。そして子どもと対話している間に、どの目標に力点を置きながら実践を展開していくか、保育者は瞬時に判断していくというのです。ちょうど、出そうとする速度に応じて自動車のクラッチを入れ変えるように……。

実際、保育目標や保育計画を、マラグッチが言うように理解すると、どんなにスッキリすることでしょうか。そしてそのように考えることで、目標や、計画や、実践を語る言葉が、どれだけ生きいきとしてくるでしょうか。

実践していると容易にわかることですが、保育実践においては、多様な目標が複雑に絡み合いながら存在しているのが普通の状態であり、目標と活動が一対一の関係で存在することなど、ありえないのです。

ところが日本においては、保育計画に「目標―活動―方法」を書き込み、それにもとづいて実践し、実践の成果を、最初に立てた目標に対応させながらふり返るという形式が、疑われることなく大切にされてきました。

こうした議論は、一つの活動に、一つの目標が対応しているという前提で展開されているのですが、実際にはそんなに単純に、目標と活動の関係は対応していないのです。そしてそれ故に、保育目標にリアリティーがなくなってしまうのです。

さてそれでは、複雑に絡み合う保育目標と、具体的な保育実践の展開過程を、レッジョではどのようにつなげているというのでしょうか。こうした問題を、レッジョで展開された一つのプロジェクト活動を通して考えてみることにしましょう。

④ アンナ・フランク幼児学校で展開された「恐竜のプロジェクト」

検討するのは、アンナ・フランク幼児学校の年長児数名のグループを中心に、二月から六月に至る、約四ヵ月にわたって取り組まれた「恐竜のプロジェクト」です。

レッジョの園では、一クラス二十五人の子どもに二人の保育者で保育するのですが、部屋のとなりにはミニアトリエが併設されていて、そこでさまざまなプロジェクト活動が展開できるようになっています。また、園の中心部分には大きなアトリエがあり、そこにはさまざまな活動財が準備されていると同時に、アトリエリスタと呼ばれる芸術の専門家がいるのです。

また、レッジョでは普通、数名のグループ単位でプロジェクトに取り組むということなのですが、それは「少人数のグループが熱心な学びとアイデアの交流を生み出す」という考えによるといいます。ただし、その場合でも、小さなグループが勝手に活動を展開していくということではなく、次の点について配慮しているというのです。(6)

①たとえば少なくとも一年に一度はすべての子どもがプロジェクトに参加するように、システ

ム化されたローテーションのなかで、プロジェクトが取り組まれること。

②プロジェクトに取り組むグループとクラス全体との間で、知識と洞察力が分かち合えるような相互作用を大切にすること。

③プロジェクトの中で生じる問題や、その複雑さに対して、子どもたちの両親、教師、アトリエリスタ（アトリエの指導者）、ペダゴジスタ（教育学の専門家）といった人たちが、子どもたちの学びのすべてが利益につながるように協力し合うこと。

つまり、クラスの他の仲間との間で、常に情報を共有し合うことが大切にされているだけでなく、必要に応じてクラス全員がプロジェクトに関与する機会も保障しながら、それでも小さなグループを基本にプロジェクトは開始され、発展させられていくというのです。クラスの中に、「興味の共同体」とでも呼ぶべき小集団を基礎にしたプロジェクトが、常に併行しながら展開されている、そんな様子をイメージすればいいと思います。

１）プロジェクトの本質的部分を構成する最初の局面

ということでこの「恐竜のプロジェクト」ですが、プロジェクトの最初は、数人の子どもたちが、恐竜のおもちゃで遊んでいる場面の記録（ドキュメンテーション）を、保育者たちが書きとめ、その意味を議論するところから開始されていったといいます。

「恐竜って、すごく大きい……」（パウロ、五歳八ヵ月）
「僕たちが蟻をおしつぶしちゃうぐらいね」（フェデリオ、六歳〇ヵ月）
「そう、恐竜はきっと僕らをおしつぶしちゃうね！」（パウロ）[7]

恐竜のおもちゃをもってきた子どもたちが、こんな会話をしている様子が記録されているのですが、そんな子どもたちの様子を見ながら保育者たちは、「恐竜について、より確かな知識を得る機会を保障する形で、恐竜への興味を大切にしよう」とノートにメモしたというのです。

そして、こうした議論を経て、恐竜をテーマにプロジェクトを展開することを保育者たちは計画していくのですが、そのあたりの議論の経緯については、次のように紹介されています。

子どもたちとこのプロジェクトを開始する前に、ロベルタ（アトリエリスタ）とカルリーナは、たくさんの可能性と可能な方向性についてブレイン・ストーミングをした。彼らはまた、ロベルタが子どもたちと最初に話し合い、プロジェクトを開始する際に使う「触発的な」質問のいくつかを定め、恐竜の進化、身体的特徴、行動、生活習慣に関して子どもたちがもっている予備知識のレベルを推測した。[8]

さてこのようにして、いよいよ「恐竜のプロジェクト」は開始されていくことになるのですが、問題はその計画を、子どもたちにどのように提案し、子どもたちの活動にしていくかという点にあります。つまり、プロジェクトの最初の局面をどう創り出していくかという問題です。

恐竜のプロジェクトが始まると、五歳児と六歳児の約半分の子どもたちがアンナ・フランク幼児学校のアトリエに集まった。ロベルタは、「Io chi siamo（私とは私たちである）」の感覚を喚起しながら、「しばらく恐竜について活動をしてみよう」と子どもたちに説明した。ロベルタは、子どもたち全員にベストを尽くすよう励まし、彼らが一緒に活動する特別な機会をもつよう提案した。最初に彼女は、子どもたちに絵を描かせ、そしてその後、恐竜に関する話し合いに展開していった。子どもたちは、大きな四角いテーブルのまわりで、思い思いに恐竜の絵を描き始めた。

彼らは絵を描きながらいろいろと語り合い、描いている絵のことや、その他のことについて、互いに質問した。

良いアイデアはテーブルのまわりで、子どもから子どもへと広がっていった。ある子どもは、友だちの助言や質問によって何度も描いている絵を変えた。「アア、これは恐竜じゃない、恐竜は四本足じゃない！」と言いながら。(9)

このようにレッジョ・エミリア・アプローチにおいては、プロジェクトの展開過程で絵画や図形による表現活動を大切にしています。

この点についてスーザン・ライトは、こうした表現活動は「非言語的で抽象的な方法を含んでいるため、とくに小さな子どもたちが、知識、思考、コミュニケーションを深め」ていくうえで重要な役割を果すことになるのだと説明していますが[10]、たしかに子どもたちの中に育つ「認識」を表現する手段として、非言語的認識を表現した絵画・図形・造形表現は、乳幼児にとって大きな意味を持つと考えられます。

実際この点については、たとえば恐竜の絵を描いた場面で、男の子たちが「母親のお腹の中に赤ちゃん恐竜を描くことによって、恐竜は哺乳動物であることを示そうとしていた」といいますし、女の子たちは女の子たちで、「長い髪の毛を描き、赤ちゃんを母親の傍に寄り添わせることで、恐竜が哺乳動物であることを示そうとした」というのです。そしてこのように子どもの描いた絵を見ることによって保育者たちは、子どもの中に形成される認識のレベルや思考方法を適切につかむことが可能になってくるのです。

しかしながら重要な問題は、絵を描かせて子どもの認識レベルを知ることにあるのではなく、そこに表現された認識の内容を、さらに話し合いをすることによって確かなものに高めていく点にあるのです。そこで保育者は、子どもたちが描いた絵を前にして、次のような質問を、子どもたちに投げかけていきます。


「恐竜はどんなところに暮らしていたのかな？」

「いったい何を食べていたのかな？」

「恐竜は、赤ちゃんの世話をどんなふうにしていたのかな？」

「赤ちゃんは、どうやって生まれたの？」

「恐竜は、今も生きてるのかな？」

「雄の恐竜と雌の恐竜はどこが違うのかな？」


たとえば、子どもの描いた絵を前にして、「恐竜は、今も生きてるのかな？」と保育者が質問したときの子どもたちの話し合いの中身は、次のようなものだったそうです。

フェデリオ　恐竜は、もういないよ。だって、今まで生まれた全ての動物のなかに、恐竜も今までいたんだもの。だから、恐竜は今まで二種類いたんだ……。
フランチェスカ　だけど、恐竜は全部死んでるわ。恐竜が恐竜を殺して、埋めたのよ。
ミッチェル　ちがうよ！　恐竜が恐竜を埋めたんじゃないよ。恐竜は自分で死んだんだよ。
ファビオ　本当は、恐竜が殺されたというのはウソだよ。だって、誰も恐竜を殺せないでしょ？　原始人は、恐竜が絶滅してから現れたんだから、恐竜がいた頃は全然いなかったんだ。アニメだと、恐竜がいたときに原始人もいたことになってるけど、本当は、恐竜がいたときは原始人はいなかったんだよ。原始人は恐竜の後で現れたんだ[11]。

こんな感じで話し合いは展開されていったといいます。記録を読んでいると、話し合いの過程で子どもたちが、活動に対する興味を高めていることがわかります。

しかしながら興味深いのは、ここで一気に次の活動を決めてしまうのではなく、子どもたちがそのあと、活動をどのように発展させていくか、しばらく見守ることにした点です。このように「間」を作る発想はなかなか出てこないものなのですが、とにかくまずは子どもたちに任せてみたというのです。

すると、次の日は前日ほど議論も盛り上がらなかったので、保育者たちはさらに二・三日の間、様子を見ることにしたといいます。

2）本物そっくりの大きさの恐竜を作る活動への発展

もちろんそこで保育者たちは、ただ様子を見ていただけではありません。

なかなか盛り上がらない子どもたちの様子を書きとめ、議論する過程で、子どもたちの活動に対するエネルギーが弱い原因として、保育者の働きかけの弱さがあるのではないかと考えるようになり、粘土で恐竜を作る活動を提案すると共に、恐竜のことをもっと調べさせてみようと計画を立て直していったというのです。

そこで次の日、保育者は「恐竜についてもっと情報を得る必要があるのでは」と子どもたちに投げかけていったのですが、その結果、一つには図書館に行き、恐竜に関する本を借りてきて恐竜のことを調べるプロジェクトが立ち上がり、あと一つは恐竜についてくわしい情報を提供してくれる人を探し出し、その人たちに恐竜について話してもらう会を開催するプロジェクトが立ち上がっていったというのです。

とくに後者のプロジェクトは子どもたちの興味を引き出すことに成功し、子どもたちは招待の手紙を書き、ポスターを作って準備する過程で、子どもたちの意欲は最高に高まっていくことになります。

子どもたちは情報を共有するために、友だちや親戚の人を学校に招待した。友だちや親戚に招待状を書く作業は熱狂的だった。［中略］子どもたちはかわるがわる手紙作りに参加して、二人の子どもが同時に、ロベルタの書いたモデルに習いながら、最後の文を書き上げ挿絵を添えた。その間、他の子どもたちは封筒に宛名書きをし、お客様の来校を準備するポスターを作った。訪問者は、その後数週間続いたが、情熱的な歓待を受けている。その訪問者のなかには、恐竜学習に関する興味深いノートと熱意を持ってきてくれた卒業生である二人の兄弟（小学校三年生）、父親と祖母、それに地域の自然協会の専門家が含まれていた。

子どもたちは、それぞれの訪問者を迎える前に、各人が特定の質問を尋ねられるように質問を準備した。その話し合いは参加者全員にとって豊かな経験となった。もちろん、自分に関係のある人が来てくれた子どもにとっては、特別の意味をもって。[12]

このときの記録はこう記されているのですが、こうした「調査・探求」（reconnaissance）の取り組みは、子どもたちの興味を一段と高いものにし、同時並行的に作業を進めていた粘土で恐竜を作るプロジェクトを、いっそう活発に展開させることになっていったといいます。

おもしろいのはその過程で、四人の男の子のグループが、「本物そっくりの大きな恐竜を作ろうよ」と言いながら粘土を集める姿を見た保育者が、「ほんとうに本物そっくりの大きさの恐竜が作れるだろうか」と子どもたちに投げかけていったことにあります。

そして、偶然出されたこの問いかけが、子どもたちに新たな要求を引き起こしていくことになるのです。つまり子どもたちはこの質問をきっかけに、じつにいろいろなアイデアを出し合いながら、この魅力的な課題に向き合っていったというのですが、そのときの子どもたちの様子は、次のような記録に整理されています。

フランチェスカ　ねえ、考えなくっちゃいけないのは、どんな恐竜をつくるかってこと……そう、どの恐竜かってこと！

ロベルタ（アトリエリスタ）　そのとおり。私たちはたくさんの恐竜を知っていて、たぶん、初めにすることは、作りたい恐竜はどれかを理解することね。フランチェスカ、どうしてそれが大切なの？

フランチェスカ　だって、決めなくっちゃ、いろんな恐竜を作ってしまうでしょ！

ジュリア　はじめに、どんな恐竜を作るか決めなくっちゃね。「この恐竜にしよう、この恐竜を作るのよ」って言わなくっちゃ。(13)

ここでアトリエリスタのロベルタが意識的に質問しているように、プロジェクトの展開過程においてレッジョの保育者たちは、「私とは私たちである」（"Io chi siamo"; "I am who we are"）という感覚を子どもたちの中に育てることを重要に考えているといいます。

これは、子どもの中に生まれる学びや知識を共同化しながら進めていくプロジェクトの過程で、「一人ではできないような新しい、あるいは予期し得ないことを現実のものにする、そんな『私たち』を構成する重要な一人」として自分のことを感じ、認識することを、レッジョの保育者たちが教育目標として自覚していることに起因しているといいます。

つまりプロジェクトにおいては、「学びを共同化」するプロセスがその核心部分に位置づけられ、実際に活動を展開するグループも、「学びを共同化」する過程で形成され、発展させられていくことが大切にされているのです。

もちろんこの点は「恐竜のプロジェクト」においても同様で、議論の末、子どもたちは自発的に女の子四人、男の子四人のグループを構成し、それぞれ独自の活動を展開していったといいます。たとえば女の子たちのグループは、発泡スチロールで作り上げた恐竜の部分部分を針金でつなぎ、いっぱいに飾り立てた一メートル二十センチメートルほどのティラノザウルス・レックスを作り上げていきました。これに対して男の子たちは、ワイヤーと金属板で恐竜のオブジェを作るという、より困難な道を選択したのです。

とここまでくると、ふつう恐竜のプロジェクトはもう終了と考えるところなのですが、レッジョの保育者たちは、この程度の活動で満足しないのです。いや、「レッジョの保育者は」というのは不正確で、レッジョの保育者と子どもたちは、さらに新しい課題に挑戦していくのです。

新しい課題は、保育者が書いた記録を読み返していく過程で、あれほど恐竜の「大きさ」にこだわりながら、「本物と同じ大きさの恐竜」と言っていた子どもたちが、小さなオブジェを作ることで満足している点に見出されました。つまり、子どもたちの大きさに対する認識がきわめて曖昧な点が、保育者たちは気になったのです。そして、まさに「子どもたち自身がそれを望んでいるから」という理由で、本物の大きさの恐竜を描いて、それを壁画のように掲示する方法を発見させてみる計画を決定していったというのです。

３）本物と同じ大きさの恐竜を計測して描く

もちろんそうはいうものの、その作業がいかに困難を極めるかということは容易に想像のつくことなのです。しかしそれをあえてやろうというのですから、そこはかなり綿密な計画と、ていねいな働きかけが必要になってくることは言うまでもありません。そこで保育者たちは、この時点でもっとも好奇心旺盛で、能動的に見える六人の子どもを集めて話し合いを開始していったというのです。その時の話し合いを記録したのが、次のドキュメンテーションです。

ロベルタ　あなたたちが話してきた全部の記録を読み返してみると、あなたたちがもっと理解できるはずの一つのことが分かってきたの。それは本物の大きさの恐竜をつくること、本物の大きさよ。私たちは何度も話し合い、あなたたちはたくさんのことを言ってきたわね。でも誰も恐竜の本当の大きさについてはっきりと言っていないし、誰もそれについて本当に話していないわ。

フェデリコ　本当は、そこにあるのにね。恐竜の「不思議」って。（フェデリコは、ある子どもが学校に持ってきた恐竜のポスターについて言っている。そのポスターは、人の大きさに比較する形で、恐竜の大きさが示されていた。）「これと同じ背丈の恐竜がいたらどうでしょう。うわあ、恐竜はすごく背が高い！」と書いてあるよ。（フェデリコは頭を振って、目を見開いて、恐竜がどれくらい背が高いかを想像して喜んでいる様子で笑っている。）

フェデリコの発言に注意深く耳を傾けたロベルタは、このフェデリコの言葉に対して、「何についてあなたは言っているのかな？　そこには何があるのかな？」と、質問を返してみたというのです。

フェデリコ　恐竜の大きなポスターがあるじゃない。大きなティラノザウルス・レックスが後にいて、その前に小さな人がいる。

ロベルタ　ああ。

ジュリア　本の中でも見れるわ。それに一メートルを使えば、本当の大きさが計れるわ。

ロベルタ　そのとおり、確かにジュリアの言うとおりね。

フェデリコ　僕は恐竜の足は天井と同じぐらい高いと思うな。

ロベルタ　全部の恐竜がそうなの？　それともいくつかの恐竜がそうなの？

トミー　ちがうよ。ティラノザウルス・レックスがそうなんだよ。たぶん。（彼は天井を見上げている。）
フェデリコ　いくつかの恐竜も。（トミーとフェデリコは、二人の間で話を続けている。）
ロベルタ　ねえ、ジュリアがさっき大切なことを言ってたわね。もし、私たちが恐竜の絵を……同じ大きさで描くとしたら……（ロベルタは間をおいた。）
ジュリア　この絵と同じ大きさで。
ロベルタ　本物の恐竜と同じ大きさでってこと？
（三人の男の子はすばやくつぶやきを交わしている）
フェデリコ　たぶん、このテーブルと同じくらい大きな紙が必要だね。
ロベルタ　もっと大きいかもね。
フェデリコ　大きくて、長くなきゃね。
ファビオ　そうじゃないと僕たちが作った恐竜をコピーできないね。(14)

結局子どもたちは話し合いの結果、二十七メートル×九メートルのディプロダクスを選び、その大きさを実際に確かめてみることにしたのです。

ところが、いざ計ろうとするとそこには一メートル物差しが二本しかなく、その使い方をめぐって子どもたちは試行錯誤をくり返すことになっていきます。一本の物差しをくり返し使用するという考えは彼らから出てこなかったので、「アトリエで何か代わりになるものを探してきたら」とロベルタがアドバイスすると、彼らは夢中になって探しはじめたといいます。そしてその結果、ポスターを吊るすプラスティックの棒の束を見つけ出し、それが一メートルの長さだということを証明したうえで、手に入れた二十七本の棒を園庭に並べはじめていくのですが、今度はすぐに園庭では狭すぎることに気づいていくのです。

その後、子どもたちは学校の運動場を使って、恐竜の大きさと同じ長方形を作ることにしたのですが、その時の様子は、次のように記録されています。

何度も試み、失敗し、誤りを正した後、長方形の三つの辺の寸法が測られた。二十七メートル、九メートル、九メートルだった。しかし、四つ目の辺を測ろうとしたとき、もう一つ問題がもちあがってきた。つまりプラスティック棒は、長方形を完成させるには十分ではなかったのである。二人の子どもが学校へ、他の材料がないか探しに戻り、数分後、勝ち誇ったように一巻のトイレットペーパー(!)を持ち帰ってきた。これで長方形が完成した。

草の上に座り込み、自分たちの作ったものを眺めて、子どもたちは満足していた。しかしまだ道のりは長いことも明らかだった。エレナが言った。「小さな紙の上で、どうしたらいいか、試してみましょ。それから大きいのを作ろうよ」。すべての子どもがそれに同意し、より小さな紙にそれを描いていく、次のステップに入ることにした[15]。

運動場に再現された生きた恐竜と同じ大きさの長方形を満足げな表情で見つめる子どもたちの姿が目に浮かぶようですが、この巨大な絵を描きあげるためには、一度縮尺した絵をモデルとして描き、そのうえで再度、本当の大きさに拡大する作業が必要なことを子どもたちは理解していたといいます。そして保育者たちは、考えるだけでも大変なこの作業を、子どもたちに取り組ませていくことを決定したというのです。

4）恐竜の壁画づくりから恐竜展まで

もっとも、五歳児に縮尺・拡大の原理を理解させ、実際にそれを作品にしていくことは、容易なことではありません。しかもいったん縮小したものを、十メートルをこす大きさの壁画に拡大するというのですから、こうした原理を理解する認識面でも、実際に作業する面でも、困難をともなう活動なのです。

ペダゴジスタであるカリーナの助言を得て、実際の指導にあたったロベルタは、線の引いてある紙と、線の引いてない紙、そしてグラフ用紙の三種類の紙を用意し、子どもたちに「縮尺」ということを理解させるための話し合いをもちます。子どもたちがモデルにした恐竜の絵には、高さ三メートルを示す水平線が引かれていて、そうした基準になる線や点に着目しながら、一メートルを一センチに見立てることを理解させようとしたわけです。

その結果、さまざまな試行錯誤を経て、女の子たちはグラフ用紙の三マス目に高さ三メートルに対応する水平線を引くことで恐竜の絵が再現できることを発見することになるのですが、男の子の場合は子ども同士の認識のズレが表面化し、なかなかわかり合えなかったというのです。しかしながら、そのときの議論は、それだけに興味深い内容になっています。

男の子たちの場合、紙の選択はもっとドラマティックだった。フェデリコは、直ちにグラフ用紙を選び、二十七の正方形を数え始めた。彼は明らかに、グラフ用紙が最も適していることを理解しているようだった。一方、トミーは白い紙を選び、横並びに荒っぽく二十七の点を打ち始めたのである。そしてそれに続けてトミーは、二十七より沢山の点を、最初の線に平行に書いた線の上に打っていった。そうしてその作業をやり終えた時、下の線の方が上の線より長いことを発見して、とても驚いていた。

ここで、トミーは不思議がり、知りたがり、多少とまどっていた。何かが正しくないのである。

このような場面における保育者の役割は重要である。ロベルタは、何かコメントを与えることもできたし、質問をすることもできたが、そうしないで彼女は、少し間をおいてみていた。するとフェデリコが首を突っ込んできた。

フェデリコ　どうしてかって言うと、僕が思うには、ほら、ここは狭くならんでいるでしょ。数え直してごらんよ。

その言葉を聞いて、トミーは再度点の数を数え直した。

フェデリコ　ほらね。ここは狭く並べてるよ。だって見てごらんよ。ここは全部の点がごちゃごちゃしてるだろ。点がどうなっているか、見てごらんよ。（彼は、上辺の点と底辺の点とを見比べている。）たぶん、君はあわてすぎたんだよ。[16]

結局こんな会話を経た後に、混乱していたトミーも含めて、方眼紙に縮小していけばいいことを子どもたちは理解することができ、いったん縮小した恐竜の絵を、今度は運動場においた長方形のパネルの中に拡大していく段階に移っていきます。

この段階になると今度は、男の子と女の子が共同して作業を進めることを決めていくのですが、女の子たちは自分たちが発見した高さ三メートルの水平線にこだわり、男のたちは垂直線の重要性にこだわるという形で、論争したりするのです。しかしながら話し合いの結果、結局「両方の視点が大切になってくるよね」という子どもの言葉をきっかけに、子どもたちの活動は一気に進展していったというのです。

いずれにしても子どもたちは、一メートルを一センチに見立てた方眼紙の上に二十七センチ×九センチに縮小コピーされた恐竜の写真をはりつけ、尻尾を、首を、頭を、いったいどの位置に再現すればいいかわかるように、ポイントになる垂直と水平の線を引き、そのあと大切な場所に印をつけて、「さあいよいよ運動場で」と飛び出していったのです。

ところがここで、アクシデントが発生します。小学校の運動場で作業を進める予定で動きはじめた子どもたちを待ち受けていたのは、運動場を長時間使用することができないという教師の言葉でした。

そこで子どもたちは、急遽、十三メートル×六メートルの広さの中庭に場所を移すことを決めたというのですが、この段階で子どもたちの関心は、恐竜にあった場所を選ぶことから、場所にあった恐竜を選ぶことに変えられていくことになるのです。そしてこの広さにふさわしい恐竜を選び出した彼らは、一気に同じ作業をくり返していったのです。つまり、中庭に作り出した十三メートル×六メートルの長方形を垂直の線と水平の線で仕切り、ポイントとポイントをロープで結びつけて作図された恐竜の絵にプラスティックを重ね、五歳児のほとんどの子どもが参加してそれに彩色し、とうとう巨大な恐竜の壁画を完成させていったのです。

そしてこの巨大な壁画の完成で、約四ヵ月にわたって展開された恐竜のプロジェクトは終わりを迎えることになるのですが、保育者と子どもたちは最後の活動として、幼児学校内外の人たちを招待して恐竜展を実施することを決定しました。

恐竜プロジェクトに参加したグループの子どもたちは、自分たちの行なった活動と、そこに至るまでの段階を整理して展覧会を準備した。この展覧会の準備は意義深かった。子どもたちは絵や彫刻品を選び、招待状とポスターを作成し、クラスの仲間に自分たちの経験を提示する方法を工夫した。他の子どもたちは、展覧会に行くことを心待ちにし、楽しみにしている様子だった。しかしながら私は、恐竜グループの子どもたちが、冒険の旅路をドキドキするような話と一緒に説明したとき、一番楽しんでいたのは彼ら自身だったように思う。

ある金曜の午後、開会のフェスティバルが計画された。大人たちは、運動場の片側の高いフェンスにピッタリするように、滑車を使って恐竜を立ち上げた。これは大いに子どもたちを興奮させ、そしてこのプロジェクトの最高の瞬間であった。とくにこのグループの子どもたちにとって、彼らが作ったものがこうして立ち上げられたのだから、それは最高の瞬間であったにちがいない。

恐竜グループの最後の会合は、恐竜の絵（大きすぎて幼児学校にはおけないので）を吊るしておける場所を求める手紙を市長に書くことに充てられた。子どもたちは市長に会い、市長は子どもたちの作業を称賛し、恐竜を吊るす場所を見つけるために最善の努力を行なうつもりであると言った。(17)

最後に市長に手紙を書き、子どもたちが市長と交渉する場面など、まるでその光景が目に浮かんでくるような感じがしますが、このようにレッジョ・エミリアの保育実践においては、両親のみならず、地域のさまざまな人々が実践の中に登場します。

もちろんそれはいずれも、子どもたちの必要から生まれてきた取り組みであると同時に、子どもたちが常に能動的な関係を保っている点に特徴があるのです。そして子どもたちは、こうした活動を通して自分たちが「背伸び」しながら大きくなっている姿を、まさに「誇らしい自分たち」という感覚と共に、大人たちに示しているのです。

5 幼児後期のカリキュラム構成原理としての生成発展カリキュラム

以上のようなプロセスを経ながら、「恐竜のプロジェクト」は取り組まれていきました。実践の展開過程をみていくと、子どもたちが「学び合う主体」として成長していく事実に、改めて気づかされます。

実際、レッジョの保育実践は日本の保育研究者と保育者たちに、小さな乳幼児たちが「有能な学び手」であることを再発見させてくれるきっかけになっていきました。しかも、その「有能な学び手」としての幼児たちは、個人の中に形成された発見や学びの世界を、常に「共同化」させていく、そんな「学びの主体」として活動を発展させていくのです。

レッジョでは、こうして発達していく子どもの姿を「私とは私たちである」[18]（"Io chi siamo"："I am who we are"）という象徴的な言葉で表現しているのですが、興味深いことに、日本で「伝えあい保育」の理論と実践を創造し、「民主主義的主権者」という保育目標を掲げた東京保育問題研究会の乾孝さんも、こうした経験を通して発達していく人間のイメージを、「私の中の私たち」という言葉で表現しているのです。

おそらく、レッジョにしても東京保問研にしても、「私」と「私たち」の新しいつながり方を、こうした言葉に込めようとしたのだと思います。つまりそこで求められたものは、保育者の指示の下、一斉に行動する「集団」の姿でもなければ、ただ自分の要求にもとづいて行動する「個人」が集まった「群れ」のような状態でもない、新しい「私」と「私たち」のつながり方だったのです。そしてそれが、「民主主義」という言葉に込められていくのですが、こうして徹底した「民主主義」を保育実践に求める姿勢は、当然のことながら保育者と子どもの関係についても、これまでとは違う、新しい関係の創造を必要としていったのです。

たとえば、多重知性論の提唱者として有名なアメリカの心理学者、ハワード・ガードナーは、「子どもの声にどのように耳を傾けるか、どのように子ども自身が活動のイニシアティブをにぎるように展開させるか、そしてまたどのようにして子どもたちを生産的な方向に導いていくかという点を、教師がよく知っている[19]」点にレッジョの保育実践の特徴があると整理していますが、まさにこうした関係を構築することに対するこだわりの中に、レッジョの保育者たちの実践を支える思想があるといえるのでしょう。

もちろんここで問われているのは、レッジョ・エミリアで子どもたちと一緒に活動する保育者たちの個人的素質の問題ではありません。そうした実践を支える社会的・文化的位置づけが、実践を支える保育・教育行政の中に貫かれている点が重要なのです。

たとえばこうした点に関連して、レッジョ・エミリアの実践が、社会全体の民主主義の実現と、解放のプロジェクトの中に位置づけられている事実を、ロンドン大学のピーター・モスは、次のように整理しています。

レッジョ・エミリア市の保育施設は、ファシズムに対抗するために、そして「自ら考え、行動しようとする子どもたちの見通しを育て、それを維持するために」、はっきりと政治的な、あるいは解放のためのプロジェクトの一部として発展させられてきた。レッジョはまた、何年間にもわたって、いくつかの重要な「教育学的手段」を生み出してもきた。つまり、活発で開放的であると同時に、民主主義的で解放的な実践を支える「教育的方法」を……。たとえば教育的記録の手続き、アトリエリスタやペダゴジスタといった特別なスタッフの役割、教育実践を分析し、議論し、反省するために一週間の活動に織り込まれた教師のための時間……。[20]

つまり、レッジョの実践が、社会を民主主義的に解放していく「プロジェクト」の中に位置づけられているから、レッジョではそうした実践が可能となるような「教育的方法」を、制度として確立し、保障しているのだとモスは言うのです。

おそらくこうした点に、これまで世界各地で試みられてきた進歩主義的な保育・教育実践と、レッジョの実践との差異が存在しているのだろうと、私も考えています。そしてその点は同時に、今なぜ日本でプロジェクト活動に柱を置いた「対話的保育カリキュラム」が必要なのかという問いとして、私たちが問い直さなければならない、核心的な問題なのだろうと思います。

注

（1）Elizabeth Jones, & John Nimmo（1994）*EMERGENT CURRICULUM*, p.vii, Washington, DC : National Association for the Education of Young Children

（2）C・エドワーズ／L・ガンディーニ／G・フォアマン編『子どもたちの100の言葉』（訳・佐藤学ほか）世織書房、一三三―一三四頁。なお、本文中に引用した訳文は翻訳書と一部変えている箇所があります。以下同様。

（3）同前、一三四頁

（4）同前、一七九頁

（5）同前、一三四頁

（6）バジ・ランキン「レッジョ・エミリアのカリキュラム開発――恐竜のカリキュラム・プロジェクト」同前、三三四―三三九頁

（7）同前、三三三頁

（8）同前、三三八―三三九頁

（9）同前、三四〇―三四一頁

（10）Susan Wright, Learnig How to Learn : The Arts as Core in an Emergent Curriculum, *Childhood Education : Journal of the Association for Childhood Education International*, 73(6) p.362
（11）同前、三四二頁
（12）同前、三四五—三四六頁
（13）同前、三四七—三四八頁
（14）同前、三五一—三五三頁
（15）同前、三五四—三五五頁
（16）同前、三五六—三五七頁
（17）同前、三六四頁
（18）同前、三四〇頁
（19）Gardner, H（1998）Foreword : Complementary Perspectives on Reggio Emillia. In C. Edwards, L. Gandini, & G. Forman（Eds.）, *The Hundred Languages of Children : The Reggio Emilia Approach-Advanced Reflections*, 2nd. Edit., p.xvi, Norwood, NJ : Ablex（ハワード・ガードナー「序文：レッジョ・エミリアの補完的な見方」前掲（2）vi頁）
（20）Peter Moss（1999）Early Institutions as a Democratic and Emancipatory Project, Lesley Abbot and Helen Moylett（Eds.）, *Early Education Transformed*, Taylor and Francis Group, p.151

第4章
対話する
保育実践の構造

1 保育目標としての「民主主義的主権者」

ハワード・ガードナーが指摘していたように、レッジョの保育実践が「子どもの声にどのように耳を傾けるか」ということを起点に、「どのように子ども自身が活動のイニシアティブをにぎるように展開させるか」という視点にもとづいて展開されている点は、おそらく多くの人の共感を呼ぶところなのだろうと思います。

しかしながら、それに続けてガードナーが、そうやって現れた子どもの要求を「どのようにして子どもたちを生産的な方向に導いていくかという点を、教師がよく知っている[1]」と語っている点になると、今度は多くの人が頭を抱え込むことになるのだろうと思います。

ここでいう「生産的な方向」とはいったいどんな方向であり、レッジョの保育者たちは、いったいその方向について、どのような確信を持っているのだろうか。そして私たち日本の保育者は、日本の子どもたちの中に生成する要求や物語の世界を、いったいどの方向へ誘っていくことが求められているのだろうかと。

たとえばこの点に関連して、レッジョでは社会を「解放するプロジェクト」に関連づけられながら、「民主主義的で解放的な実践を支える『教育的方法』」として、ドキュメンテーションにもとづいて展開されるプロジェクトが選択されてきたのだと、ロンドン大学のピーター・モスが指摘していることはすでに紹介しました。

モスの指摘は、レッジョの保育者がなぜここまでプロジェクトを中心としたレッジョ・アプローチを展開しているのかという問いに対する説明にはなりますが、日本の保育者が、なぜプロジェクトを柱とした保育実践を構想しなければならないのかという説明にはなっていません。

つまり、レッジョのように民主主義を支える人間を育てるといった保育の目標に関する議論が、日本ではまだ、それほど豊かに展開されていないのです。しかしながら、それでは日本において保育の目標に関する議論は、いったいどこまで深く語られてきたのでしょうか。あるいは日本において「民主主義の担い手」を育てるという目標を保育実践が掲げることは、本当にリアリティーのないことなのでしょうか。

レッジョのカリキュラム論から多くの示唆を得ることができたものの、なお私の前には、こうした保育目標にかかわる大きな問題が横たわっていたのでした。

たとえば日本の保育実践の歴史の中で、この問題を正面から論じ、提案したのは東京保育問題研究会（第二次保問研）でしたが、そのときの議論は、いったいどのように整理されてきたのでしょうか。

ということで、まずこの問題から検討してみることにしましょう。

東京保問研は、初代会長であった乾孝さんが「相談型コミュニケーション」と命名した関係論を基礎に、一九七〇年代に「話しあい保育」から「伝えあい保育」へと自らの実践を発展させていくのですが、その過程で「民主主義的主権者」という保育目標を生み出しています。ところが東京保問研の提示した「民主主義的主権者」という保育目標をめぐっては、その当時からかなり興味深い議論が展開されてきたのです。『現代と保育十一号』（ひとなる書房、一九八二年）誌上で、乾孝、堀尾輝久、茂木俊彦の三氏によって行われた、「子ども像と保育の構造を考える」という鼎談もその一つですが、この鼎談の中で「民主主義的主権者」という目標概念は、「やはり遠距離目標ということなんで、何か別の言い方をしていく必要があるのではないか」と疑問を投げかけたのが、教育学者の堀尾輝久さんでした。

それぞれの子どもが［中略］絵を描き、歌をうたうことで自分を表現し、活動し、生きてるわけですよね。そこのところが何より大事なんだと思うのです。そうした子どもの活動が未来の主権者になっていくことにつながるとはいえても、それを価値基準にして、この絵はその目標につながるからいいんだと、あるいはこれはつながらないからいけないんだというようなしかたでその遠距離目標がそれぞれの子どもの行為を判定する尺度にはなりえないと思うのです。ある意味ではそれは僕らの予測を越えた目標でもあるわけですし。だからそれぞれの子どもの現在を大事にし､活動を大事にするということにもっとこだわりたいという感じはあるんです。

つまり堀尾さんは、乳幼児が取り組む活動には、活動それ自体に意味があるのであって、それを「民主主義的主権者」という「未来」の課題と、性急につなげるべきではないと述べているのです。そしてそうした視点から、乳幼児が集団活動を経験する意味も、「集団を介しての自主性の確立」にこそ価値を見出すべきではないかと問題を提示したのです。

これに対して乾さんは、東京保問研が「民主主義的主権者」という遠距離目標にこだわる理由を、次のように語っています。

やはり遠距離目標を立てておかないと、「のびのびした子ども」「自主性のある子ども」「自分でなんでも考える子ども」といった子ども像をかかげている人たちがみんな近代主義にはまっちゃう危険がある。それともう一つは、保育者にしろ親にしろ同じ遠距離目標でおのおの人格発達をとげるための努力をしていくなかで、そういう子どもたちの間におこった個々の事件の本筋を見抜く目を養えるんじゃないかということを考えて非常に大上段にふりかぶっているわけです。

このように堀尾さんに対して乾さんは、「民主主義的主権者」という遠距離目標を意識することではじめて、子どもの中に生じた要求・思いを、保育者がどこに誘っていけばよいかわかるのだと語るのですが、二人の思いはうまく絡み合わないまま、この鼎談は終わりの時間を迎えることになるのです。

両者の間に生じたズレを、子どもは小さな大人ではないという立場から、子どもの「現在」を大切にしようとする堀尾さんと、「未来」を生きる力を育てる視点から子どもの「現在」と向き合おうとする乾さんとの間に生じたズレとして、表面的には説明することができるかもしれません。あるいは、議論の中に出てきた「民主主義的主権者」という「遠距離目標」に対して、乳幼児期にふさわしい「近距離目標」を設定することを求めた議論として、私たちが引き取るべき課題を読み取ることができるかもしれません。

② 「実践の理論化」と「理論の実践化」と

しかしながら私は、両者の間に生じたズレは、本当はもう少し違ったところにあるのではないかと考えています。

それは、一つひとつの実践の中に「民主主義」の空気を感じながら、そうした実践検討の過程で言葉を編み出していった乾さんの言葉と、そうやって言葉で整理された保育目標を、子どもが獲得する能力の目標、保育内容を選択する目標、保育方法を規定する目標として読み取った堀尾さんの認識との間に生じた、深く重いズレなのだろうと私は考えているのです。

もちろん、東京保問研がこうした保育目標を提案していく背景に、戦後民主主義思想の広がりがあったことは否定できません。つまり、民主主義社会の建設を、社会全体の課題として自覚しながら生活し、保育していた保育者たちが、自らの実践を「民主主義」にかかわらせながら位置づけることに、それほど違和感はなかったのだろうと思うのです。

しかしながら、それでは当時の社会状況がこうした実践と理論を生み出していったのかといえば、それはそんなに単純な問題ではありません。自らの実践を「相談型コミュニケーション」で貫こうと努力した保育者たちは、自らの実践を記録に書き、それを相互に批判し合いながら、自分たちが追究している保育実践の本質を探究していったのです。

たとえばそうした実践研究の姿を、乾さんは次のように語っています。

「保育者がじょうろから水をこぼすみたいに、子どもの方に一方的に水をそそぎかけるんじゃなくて、子どもと同じ床の上にたって、自分の保育プランが、子どもにどう受け入れられたかということを、平らな気分で受け取りながら、軌道修正していく。その中では、むろん子どもが、コトバにならない表情だけの返事でも、自分の保育プランに取り入れていくという、

●図４－１　実践の理論化

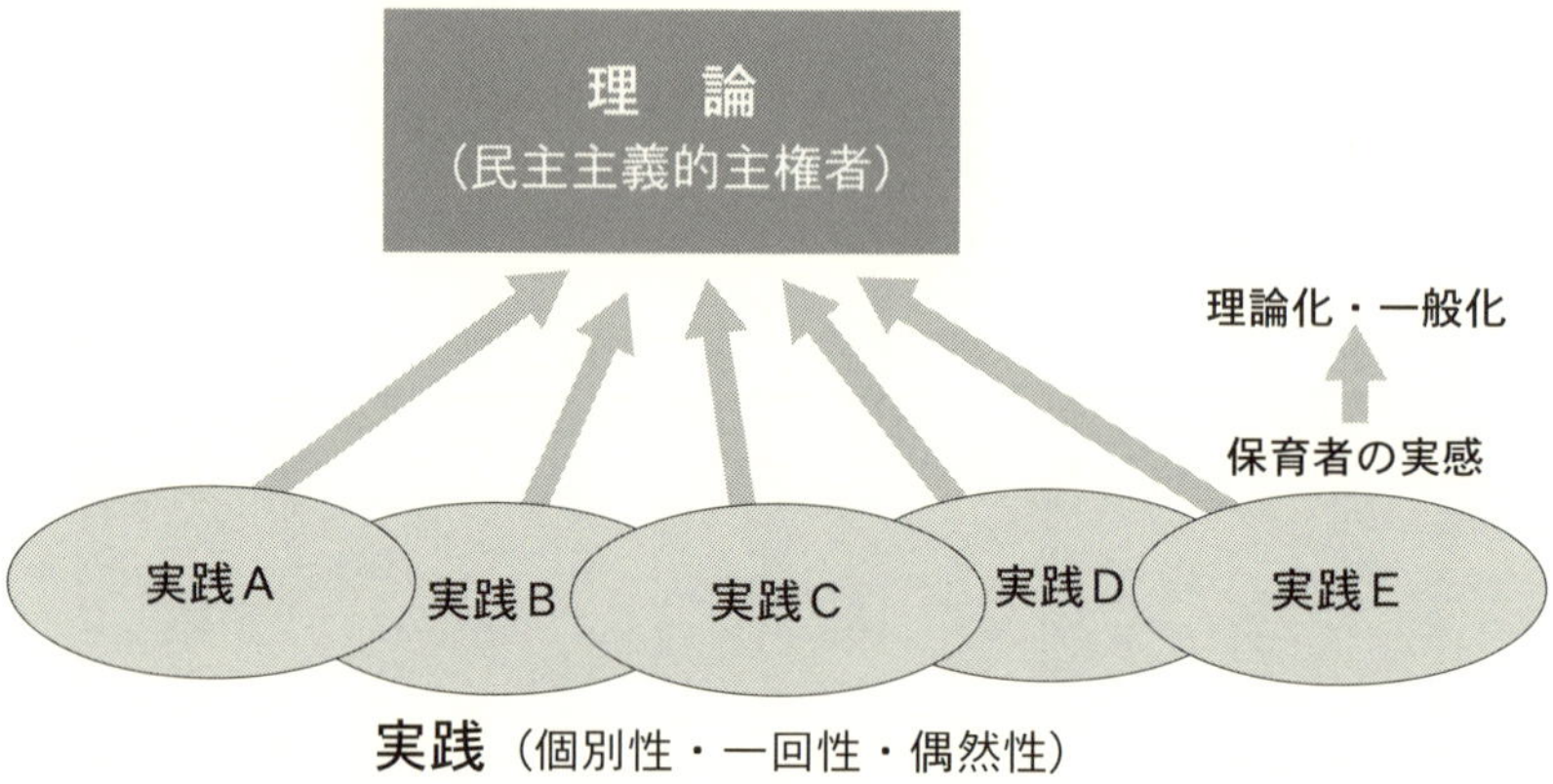

そういう面があります。」[2]

乾さんのこうした言葉からもうかがえるように、東京保問研に集まった保育者たちは、こうした実践研究を通して「子どもと同じ床の上に」立つ保育実践を追い求めていったのです。そしてそうした実践を積み重ねていくうちに、自然に自分たちの実践を「民主主義的主権者」を育てる実践として位置づけるようになっていったということなのでしょう。

つまり、個々の実践を一般化する中で生みだされた「民主主義的主権者」という言葉は、自分たちの実践が「民主主義の担い手」を育てているという実感と共に保育者の中に位置づいていき、それが保育の目標として自覚されるようになっていったということなのです（図４-１）。

ところがこれが、「民主主義的主権者を育てる保育」として定式化され、その目標にもとづいて実践を展開しようとすると、まったく違ったものになってしまうのです。実践を「理論化」するときにはスッキリ説明できるのに、一つの「理論」にもとづいて実践を展開しようとすると、それがまったく異質なものへと変質してしまうのです。

これを図にすると、**図4-2**のように描くことができるかもしれません。混沌とした実践を理論化するときにはスッキリとした矢印で描けるのに、理論を実践に移すとき、スッキリした矢印で実践しようとすると、実践のリアリティーは消え失せてしまうのです。

●図4-2　理論の実践化

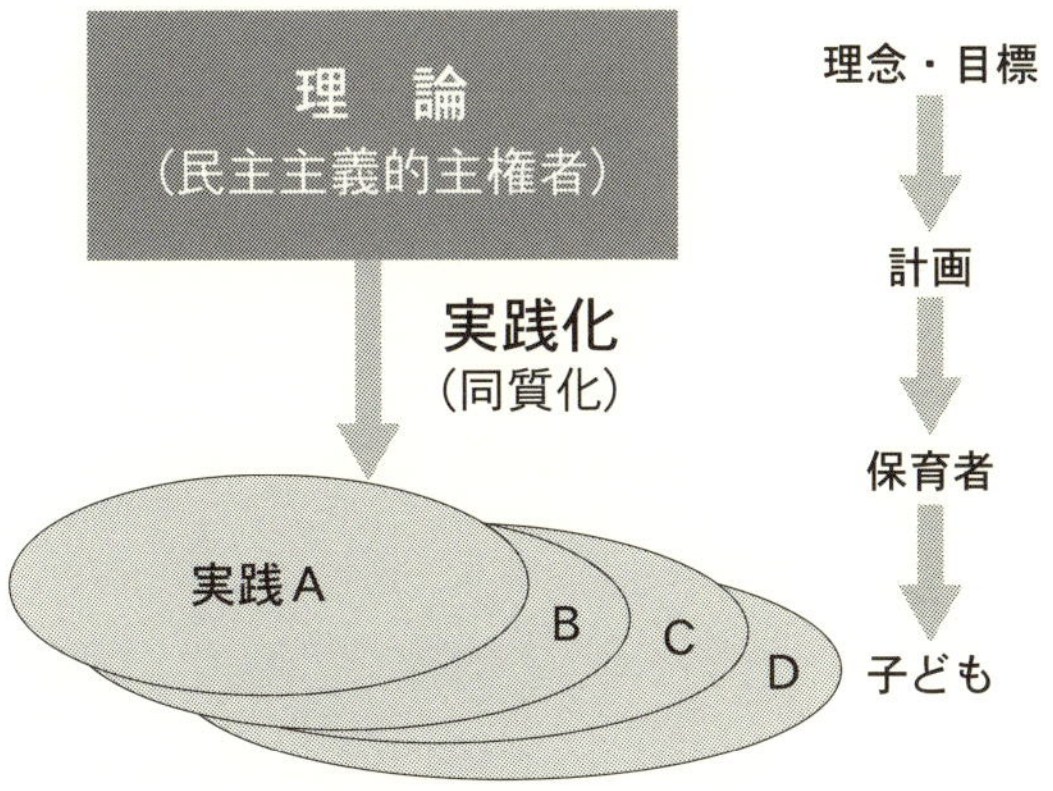

考えてみればこれは、当然のことです。それは、一つの実践が一つの理論に対応しながら存在することなど、ありえないからです。現実は、たくさんの理論が混在する形で存在しているものなのです。つまり、実践を理論化することは可能でも、理論を実践化するときには、相当複雑な理論の組み合わせを考えない限り、うまくいかないということなのです。

このことを、「民主主義的主権者」という東京保問研の保育目標にあてはめてみれば、事情は容易に察することができるでしょう。多様な実践の中から「民主主義的主権者」の形成につなが

●図４-３　レッジョ・エミリアにおける保育実践の構造

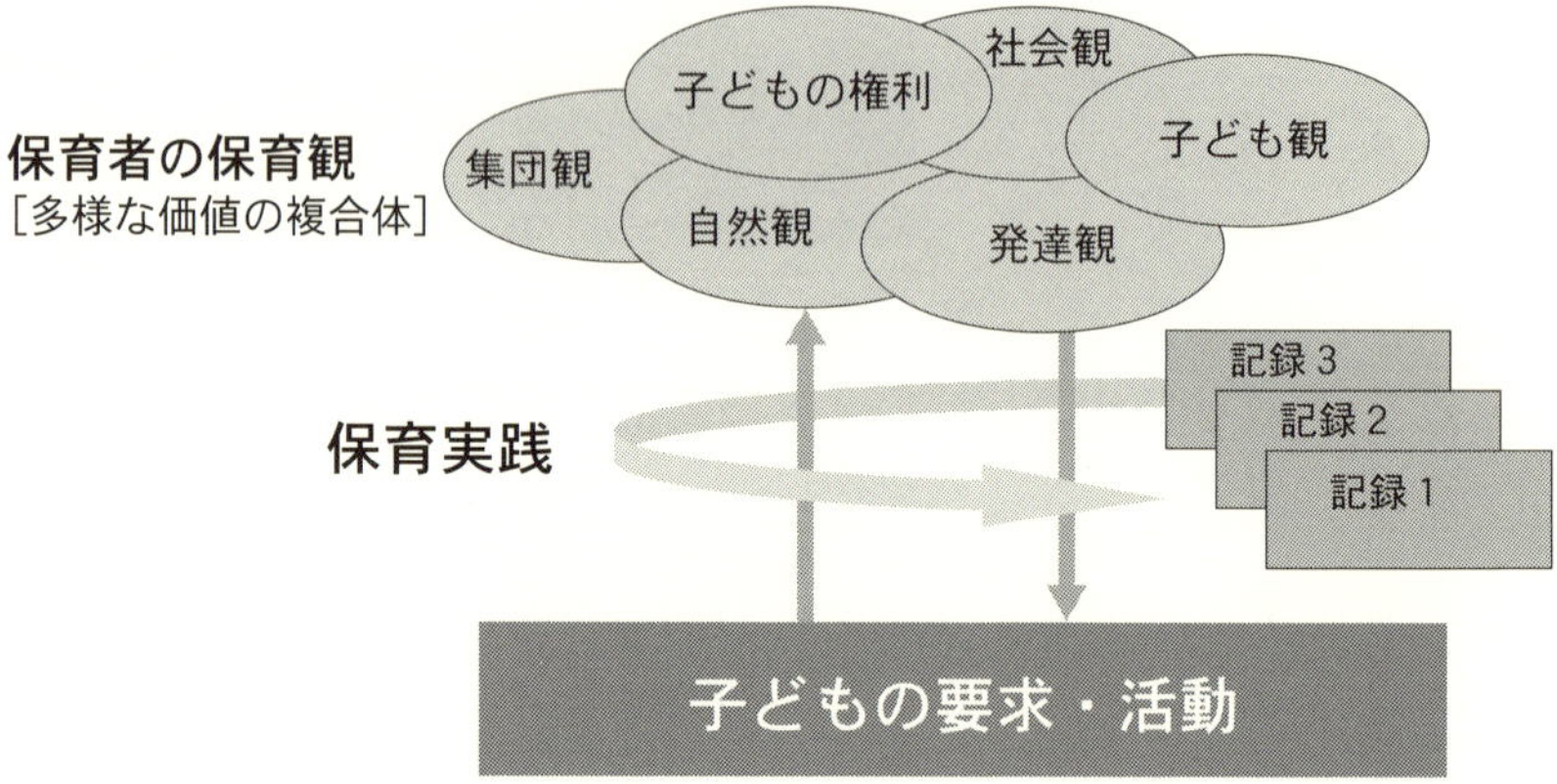

る要素を引き出し、それを一般化することは可能でも、「民主主義的主権者」を育てるという目標を、すべての活動を説明する目標原理として活用することはできないということなのです。

さてそれでは、レッジョ・エミリアの保育において、この問題はどのように扱われていたのでしょうか。

先に見た通り、この問題に対するレッジョの視点は明確です。「民主主義的主権者」といった具体的な保育目標（スローガン）を設定しない代わりに、子ども観や社会観や発達観といったそれにかかわる問題を、保育者たちが学習し、深めていくのです。そしてそうやって深めていった保育者の「保育観」が、子どもの要求と対話的に向き合っていくのです。そしてそうした関係を通して、保育者と子どもが相互主体的な関係を切り結んでいくというのです（図４-３）。

おそらくレッジョのように考えていくと、東京保問研の掲げた「民主主義的主権者」の問題も、理解できるのだろうと思います。一つのスローガンを共有することで目標も共通になったと思い込むのではなく、複雑に絡み合った目標の背後にある問題を、保育者が学びつつ深めていくことで、子どもとの間に深い対話が成立する……。まさにそんな形で、保育実践を組織し、語っていくことが重要になっていくのです。

③「対話という思想」との出会い

もっともそうはいうものの、スローガンとして目標を掲げないにしても、保育者が共有すべき価値観が何もないということでは不安になります。やはり価値を共有するためには、共通の言葉が必要になってくるのです。

しかしながら「民主主義的主権者」や、「相互主体主義の保育」という言葉には、乳幼児を対象とした保育実践を語る言葉として、いまひとつ、しっくりこないものがあるのも事実なのです。それに代わる言葉がないかと探しているとき、私の中に飛び込んできたのが「対話」という言葉でした。

私が「対話」という言葉に改めて大きな意味を見出すようになったのは、ブラジルからきた留学生、ニウタ・ドス・サントス・ディアスさんと一緒に、パウロ・フレイレの『被抑圧者の教育学』（亜紀書房）を大学院の授業で読んだ時のことでした。日本に教育視察旅行に来たとき、ブラジルの子どもたちが日本の学校に適応できないでいる現実を目にしたニウタさんは、日本の大学でその問題を研究する目的で来日したのですが、そのニウタさんたちと一緒にフレイレを読んでいるうちに、私は「対話」という思想が持つ奥深い意味を、改めて考えさせられるようになっていったのです。

もちろん、それまで「対話」という言葉を知らなかったというわけではありません。ただ、フレイレの人生に重ね合わせながら「対話」について考えていると、「対話する人間」の持つやさしく、力強い人間的能力について改めて考えさせられたということなのです。

パウロ・フレイレはブラジルが生んだ教育（学）者で、成人識字教育を理論・実践両面で切り開いたことで有名です。一九六四年に軍部の起こしたクーデターで祖国ブラジルを追われ、亡命生活を余儀なくされたあと、サンパウロ市の教育長として公教育改革に取り組んだ彼の人生は、彼の著した『希望の教育学』（太郎次郎社）に読み取ることができますが、その人生を貫いていたものは、まさに徹底した「対話」の思想だったということができるでしょう。

そのフレイレが、「対話」について次のように語っています。

対話とは、世界を命名するための、人間と人間との出会いである。それゆえ、世界を命名しようと思う者と、この命名を望まない者とのあいだには、対話は成立しない。またそれと同様に、言葉を話すという他者の権利を否定する者と、話す権利を否定されてきた者とのあいだにも、対話は成立しない。(3)

ここでフレイレが、「世界を命名する」と言っているのは、周囲の世界に対して「意味」を作り出し、そうやって作り出した「意味」に言葉を添える人間の営みを指しているのですが、一人ひとりの国民がこうした形で主体的に「世界を命名すること」を望まない「支配階級（抑圧者）」によって支配されている間は、支配階級（抑圧者）と被支配階級（被抑圧者）の間に「対話」が成立しないのだとフレイレは述べているのです。

いや、述べるだけではありません。彼はこうした中だからこそ逆に、一人ひとりの人間が自分の言葉で「世界を命名」し、そうやって「命名」した世界を、他者とていねいにつなげていく行為の大切さを語り、それを「対話的実践」として展開していったのです。言い換えればそれは、小さな子どもたちが周囲の世界と対話する営みと、被抑圧者が世界と対話し、世界を変革していく営みを、「対話」という一本の太い思想で貫こうとしたということなのです。

もちろん、フレイレがすばらしいのは、そうした実践を民主主義の実践として、自ら実行していった点にあるのですが、そんな彼の人生に裏打ちされた「対話」の思想が、とにかく奥深いのです。

①対話は、世界と人間に対する深い愛がなければ存在しえない。創造と再創造の行為である世界の命名は、愛の息吹を吹き込まれないかぎり不可能である。

②愛は対話の基礎であると同時に、対話そのものである。それは当然、責任のある主体の課題であり、支配関係の中では存在しない。

③対話は、謙譲を欠いても存在しえない。……学び行動するという共同の課題に取り組む人間の、出会いとしての対話は、対話の当事者たち（もしくはその中の一人）に謙譲が欠けたとそのときに、破棄されるのである。

④自己満足は、対話と両立しない。

⑤対話はさらに、人間に対する深い信頼が必要である。……人間に対する信頼は、対話にとっての先験的な必要条件である。対話的人間は、たとえ面識がなくとも、他者を信ずることができる。

⑥愛と謙譲と信頼に根ざすとき、対話は対等の関係になり、その理論的帰結として参加者相互の信用が生まれる。対話が相互信用の空気を生まず、そこに参加する人々を世界の命名のなかで、いっそう親密な協同関係に導かないとすれば、それは言葉の矛盾であろう。

⑦さらにまた、対話は希望がなければ存在しえない。希望は、人間が未完成であるからこそ生まれるのである。そこから人間は、たえまない探究、すなわち他者との親交においてのみ遂行しうる探究へと出立する。

⑧最後に、真の対話は、批判的思考を含まないかぎり存在しえない。……批判的思考を要求する対話だけが、同時に批判的思考を生み出すことができる。対話がなければ交流はなく、交流がなければ真の教育もありえない。(4)

少し引用が長くなりましたが、書かれている内容に改めて説明を加える必要はないと思います。フレイレが言うように、子どもと大人が「対話的関係」を生きるということは、真の意味で子どもを尊重することを意味しています。子どもを尊重するということは、人間としての尊厳をかけて子どもたちと向き合うことを意味しているのですが、そこで作り出される「対話」が、愛、謙譲、信頼、希望、そして批判的思考に根ざしていなければならないと語るフレイレの言葉は明快です。つまりフレイレは、自分が嫌いな人に対しても、あるいは自国と敵対関係にある人たちに対しても、「愛と謙譲と信頼に根ざ」しながら、対話的関係を結ぶことをあきらめない人間に子どもたちを育てていこうというのです。

もっとも、フレイレのすごいところは、こうした言葉を彼は、けっして理想論として語っていない点にあるといえます。「実践にならない言葉は、真の言葉とはいえない」と語るフレイレが、それを自らの人生の中で貫いていった点が、すばらしいのです。

こうしたフレイレの文章にふれながら、私は自分が求めていた保育実践は、まさにフレイレの言う「対話」の思想に根ざしたものだということに気づかされていったのです。

たとえば、同じ問題を私は、それまで「共感的関係をベースにした主体―主体の【保育者―子ども】関係」という言葉で表現してきました。

これは、『保育者と子どものいい関係』という本を著したとき、これまで保育者中心主義保育と子ども中心主義保育との二項対立の図式で語られることの多かった保育関係論を克服する必要性を提示するなかで論じたものでした。つまり、これまでの保育実践論が描き出してきた【保育者―子ども】関係を、私はまず次のように整理してみたのです(5)。

A　保育者中心主義保育　……【保育者＝主体】―【子ども＝客体】関係

B　子ども中心主義保育　……【子ども＝主体】―【保育者＝援助者】関係

そして、こうした二項対立的な図式に縛られていた点に、つまり、保育者も子どもも主体となる関係を想像できなかった点に、保育実践を貧困にする最大の要因があったのだと指摘し、相互主体の保育関係論構築を提案してきたのでした。『保育者と子どものいい関係』は、まさにそうした問題を保育思想として提案したものだったのですが、そうした私の思いが、フレイレの語る「対話」という言葉で、すっきり整理された感じがしたのです。

それはちょうど、自分のイメージにピッタリ合う服がやっと見つかった、そんな感じだとでも言えばわかりやすいでしょうか。これまで少し着心地が悪かった服を、スッキリした服に変えることができたという、そんな感じが「対話」という言葉にはあったのです。

④「遊ぶ心」と対話する保育実践の多様性

以上のような経緯を経ながら、私の中には「対話的保育カリキュラム」の構想がしだいに確かなものへと固まっていったのですが、最後に残った問題が一つありました。それは、保育者の「対話能力」の差異にかかわる問題です。

そうなのです。対話的保育カリキュラム創造の必要条件は、保育者の対話能力にあるのです。つまり、対話能力に劣る保育者は、いったいどのようにして対話的保育カリキュラムに取り組んでいけばいいのかという課題なのですが、これには二つの対処法があるように思えます。

一つは、対話的保育カリキュラムの内容を、まず頭の中で構造的に整理して保育実践に臨むことです。そしてあと一つが、実践記録を書き続けるという、オーソドックスで気長な対処法です。

実践記録を書くことが、どうして保育者の対話能力を高めることになるのかという問題は次章にまわすことにして、ここではまず、保育を構造的にとらえることが、どうして子どもとの対話を可能にするのかという問題を、保育実践の中心課題の一つである遊び指導について考えてみることにしましょう。

たとえば私の知り合いに、泳げない人を泳げる人に変えてしまう、水泳指導の達人とでも呼ぶべき人物がいます。実際、五十代になるまで水泳とは無縁だったわが大学の女性教授を、たった一週間で水泳好きにしてしまったというのですから、これはもう半端な指導力ではないのです。なんでも指導を受けた女性教授の話では、自分が試みた小さな努力が一つひとつ認められる心地よさを感じているうちに、水とかかわることが自然と気持ちよくなっていったというのですから、たしかにこれは、ただものではありません。

もちろん、指導に当たったこの先生にはこの先生なりの水泳指導の科学があり、単にカンやコツで指導しているのではないのだとその先生は言い切ります。そしてそのことは、彼が著した水泳指導に関する論文を読むと、たしかに納得できるものなのです。

しかしながらそれでもこの先生、他人に教えるとこんなにすごい成果を挙げることができるにもかかわらず、彼自身が泳ぐ姿を見ていると、特別に速く泳ぐわけでもなければ、特別に格好よく泳ぐわけでもないのです。よく、「名監督、必ずしも名選手にあらず」と言ったりしますが、まさにこの水泳指導の達人の場合もこうした関係が成立すると言って間違いないと思います。

問題は、はたしてこれと同様の関係が、乳幼児を対象とした「遊びの指導」に関しても成立するかという点にあります。つまり、自分は遊ぶことが苦手という保育者でも、やり方次第で、乳幼児を対象とした遊び指導の達人になることが可能かどうかという問題ですが、おそらく一般的に考えれば、これはけっこうむずかしいことなのだと思います。いやそんなことよりむしろ、これまでだったらそんな人は保育者になろうとさえ思わなかったでしょうから、こんな問題自体が発生しなかったということなのでしょう。

ところがそんな「遊べない」保育者が、保育現場ではけっこう増えているというのです。しかもそれが、ただがむしゃらに子どもと遊ぶ段階を卒業し、子どもが遊ぶ姿に対して意識的に距離を置きながら保育を展開するベテラン保育者でもなければ、子どもと一緒に遊ぶことに身体的・精神的に疲れてしまった経験豊かな保育者でもなく、大学や短大を卒業したばかりの若い保育者だというのですから、少し問題はややこしいのです。

なんといっても乳幼児の集団保育は、遊びを通して子どもを豊かに育てることを身上としているのです。その遊びを指導する保育者の側に、遊び文化に対する「無知」が拡大し、子どもの「遊び心」に共感する感覚が育っていないとしたら、それはたしかに深刻な問題なのです。

５　子どもの遊びにかかわる教育的関係の多様性

しかしながらここは、少し冷静に考えてみる必要があります。子どもの遊びにかかわる知識・

感覚（センス）・能力に差異があることを、むしろ積極的にとらえなおすことができないものかと……。考えてみれば、園にいる保育者すべてが、みな同じように子どもと元気に遊びまわっているという光景も、少しこわい感じがするではないですか。

重要な点は、保育者として子どもの遊びへのかかわり方を、多様なイメージで語ることにあります。そしてそうした視点から、ここはそもそも子どもの遊びに対して大人がいったいどのようにかかわるべきかという原則的な議論からはじめてみることにしましょう。するとおそらく見えてくるはずです。遊ぶことを得意とする保育者が、ただそれだけで子どもの遊びを豊かにすることに貢献しているのではないということが。あるいは、一見すると子どもと一緒に遊ぶことが苦手に見える保育者が、ただそれだけで役に立たない存在だとは言えないということが……。

たとえば私はこれまで、子どもの遊びにかかわりすぎて、子どもの遊びを台無しにしてしまう保育者の姿をたくさん見てきました。子どもたちを前にして、たしかにガキ大将のように振舞っているのですが、実際には自分の思い通りに子どもを動かすことに満足しているだけで、子どもたちに育てるべき自発性・創造性・共感性の問題を完全に忘れ去っていたりするのです。

こうしたかかわり方を積極的にする保育者は、一見すると「子どもと遊ぶ」ことを大切にしているように見えるのですが、実際には「子どもを遊ん」でいるだけだったり、「子どもに遊ばれる」ことで満足している場合がけっこうあるのです。そしてそのことの問題性が、当の保育者自身に見えていない場合が多いから、問題は深刻なのです。

保育の中で大切にしなければならないのは、あくまでも「子どもが遊ぶ」点であり、「子どもと遊ぶ」ことでも、「子どもを遊ぶ」ことでも、「子どもに遊ばれる」ことでもありません。つまり、「子どもが遊ぶ」場面を作り出し、そこで展開される活動を意味づけ、活動の発展を支えていく関係こそが、保育実践における遊び指導の中心に位置づけられなければならないのです。

そしてそのように考えてみると、「子どもが遊ぶ」世界を広げる保育者のかかわり方は、実際にはかなり多様で、構造的であることに気づきます。

たとえば私の知り合いに、特別に子どもと遊んだりするわけでもないのに、子どもの遊び心を刺激し続けている幼稚園の園長先生がいます。この先生などは、園舎の一角に自分専用のコーナーを勝手に設置して、竹と小刀を持ってきては、ただ黙々と竹とんぼを作り、水鉄砲を作っているのです。そして作品が完成したら、首を長くして待っている子どもたちに「どうぞ」と言って渡すだけで、それを使ってどう遊べとか、「君たちもやってみないか」などという指示的・誘導的な言葉はいっさい語らないのです。

もちろん子どもたちは、その作品ほしさに列を作って待っているだけなのですが、作品ができあがっていくプロセスをつぶさに見ているうちに、「自分もやってみたい」という気持ちが次第に醸成してくるようです。その園長先生、そんな子どもの要求が出てきた段階でやっと小刀を渡して「弟子」にしたりするのですが、それはもう遊びというより、真剣な師弟の関係なのです。

しかしながらそれでも、そうやって作り出される子どもたちの「ワクワク・ドキドキ」といった感覚は、他のどんな遊びよりも豊かに広がっていくから不思議なのです。

私はこうした保育者と子どもの関係性も、遊びの指導の中にきちんと位置づけるべきだと考えます。実際、泥団子を作る子どもたちも、木工遊びをする子どもたちも、あるいはスポーツにつながる遊びを楽しむ子どもたちも、魅力的な「大人」や「先輩」たちをモデルに、かなり「まじめに」遊んでいくのです。

6 「定型的な遊び」指導の得意な保育者と、「非定形的な遊び」を楽しめる保育者と

大切なことは、子どもの遊びを単純な論理で語らないということです。そしてその遊びにかかわる保育者の役割を構造的に理解するということです。すると子どもの遊びに対して、それぞれの保育者が得意とするかかわり方と不得手とするかかわり方とが、かなりはっきりと見えてくるはずなのです。

たとえば内容論という点でいうと、子どもの遊びにはスポーツやルール遊び（おにごっこ・かくれんぼ）といった、比較的形の定まった「定型的な遊び」から、砂場遊びやごっこ遊びのように、必ずしも形が定まっているわけではない「非定型的な遊び」まで、かなり質の違った遊びが

存在します。前者の「定型的な遊び」が「遊び文化」の共有を前提に展開していくのに対して、「非定型的な遊び」のほうは「遊び心」の共有を遊び成立の前提とする点に特徴があります。

この場合、「定型的な遊び」は比較的大人にとって教えやすく、かかわりやすい活動となってくるのですが、「非定型的な遊び」のほうは、子どもに教えることも、子どもと一緒に遊ぶことも、じつは保育者にとってみればけっこうむずかしい活動である場合が多いのです。実際この種の遊びは、大人がリードして遊びを発展させていけばいくほど、子どもの「遊び心」を奪ってしまう危険性があるのです。つまり、子どもの「遊び心」と大人の「遊ばせたい」気持ちとが容易にかみ合わないのが「非定型的な遊び」の特徴なのです。

おもしろいのはこの二種類の遊びに対するかかわり方が、保育者によって分かれてくる点です。つまり、一方に「定型的な遊び」の指導を得意とする保育者がいるかと思えば、その逆に「非定型的な遊び」のほうを得意とする保育者もいるのです。

たとえば冒頭で紹介した水泳指導の達人のような保育者などは、前者に該当すると言えるでしょう。まさに保育者の中の保育者といった感じの「遊び指導の達人」なのですが、意外とこうしたタイプの保育者が、「非定型的な遊び」は苦手とする場合があるのです。子どもたちの展開するとりとめもない遊びに「対等に」つきあっていると何か虚しい気持ちになってくるし、かといって一生懸命かかわると、子どもの「主観」の世界を無視した保育者主導の遊びになってしまう……。

ところがよくできたもので、保育者の中にはこれとまったく逆のタイプの人もいるのです。どちらが子どもかわからないといった感じで、とにかく子どものように遊ぶことには何の抵抗もないのに、それを教育的に位置づけたり、指導したりすることは苦手といった保育者が、必ず園には何人かいるものなのです。

⑦ 内容論と関係論とで分類される、遊び指導の四つの側面

もっとも、子どもの遊びにかかわる保育者のタイプは、何もこの二種類に限定されるわけではありません。たとえば先に紹介した、子どもの前でひたすら作品を作り続ける園長先生の場合は、同じように「定型的な遊び」と言ってもかかわり方は異なります。こちらのほうは、「遊び指導の達人」が保育者先導型の「教授＝学習的関係」の中で遊びを指導しようとするのに対して、子どもの主体性を引き出しながら活動を展開する点に特徴があるのです。つまり、子ども先導型で活動が展開させられていくのです。

さて以上のように考えてくると、子どもの遊びに対する保育者のかかわり方は、「内容論」の差異に規定されると同時に、「関係論」の違いを反映しているということがわかります。これら

●図４-４　内容論と関係論で分類される遊び指導の４類型

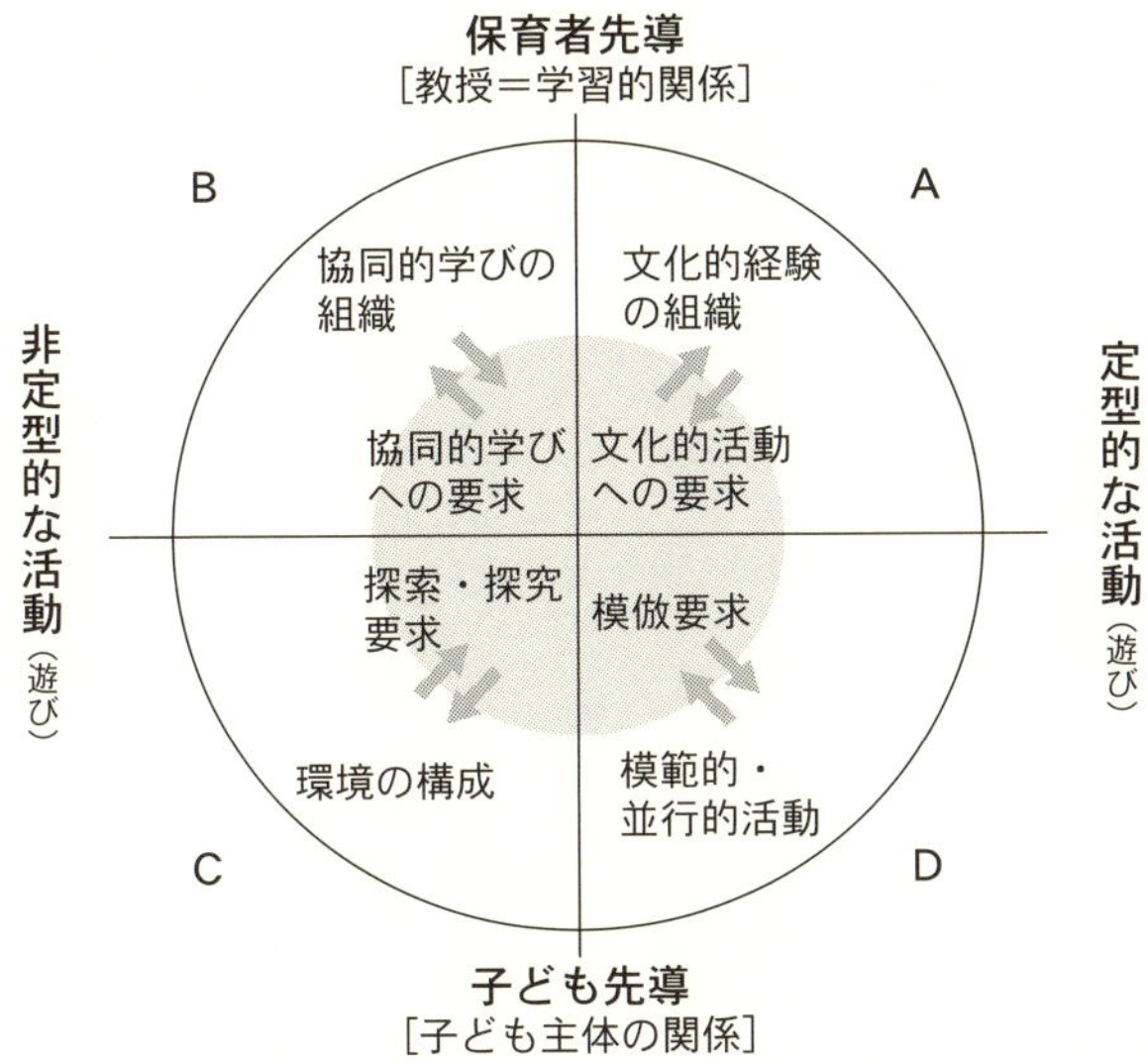

の関係を整理したのが図４-４ですが、ここでは横軸に「内容論」の視点から「定型的な遊び」と「非定型的な遊び」とを、縦軸に「関係論」の視点から保育者先導の「教授＝学習的関係」と子ども先導の「子ども主体の関係」とを、それぞれ対抗概念として整理してあります。

そして図は、さらにそのうえで、内側の円に「子どもの要求」を、外側の円に「保育者のかかわり方」を配置してみたのですが、これを見ると四つの座標面それぞれに、幼児の遊び指導の特徴が存在していることがわかります。

たとえばAの座標面は、「定型的な遊び」を「教授＝学習関係」で展開していくわけですから、ここはもう必然的に保育者の指導性が鍵を握ることになっていくのです。先の水泳指導の名手のような手法で遊びをリードする保育ということにでもなるのでしょうが、具体的にはおにごっこ・かくれんぼといった「ルールのある遊び」や、ドッヂボール・サッカーといったスポーツ的な遊びを思い浮かべればよいかもしれません。

これに対してCの座標面は、砂場遊びやごっこ遊びといった「非定型的な遊び」を「子ども主体の関係」で切り結んでいく実践を意味することになります。子どもたちがくり広げる砂場遊びに、保育者も「対等に」参加していくような活動をイメージすればいいわけですが、遊びの環境を整えたあとの保育者のかかわり方は、参加しながら適切な援助をしていく、そんな関係になっていくのです。しかしながらこれは、砂場遊びを「遊び」として心の底から楽しめない保育者にとってみれば、けっこう苦しい活動になってしまうのです。

そして「定型的な遊び」を「子ども主体の関係」で発展させる座標面Dの活動が、先に紹介した園長先生のような保育者が展開する実践事例となります。子どもの側からすればこれは、大人の示す「模範的・並行的活動」を「あこがれ」として自らの中に醸成させ、そのようにして形成された「模倣要求」と「自己成長要求」といった力で自分自身を突き動かしていこうとする、そんな点にこの活動の特徴があると言えます。異年齢保育を展開していく際に、年長児と年少児の関係を意識的に創造していく実践も、同じような意味を持った活動として位置づけることができるでしょう。

⑧ 保育実践を構成するカリキュラムの四重構造

さてここで問題となるのが、Ｂの座標面で展開される実践です。「非定形的な遊び」を「教授＝学習的関係」で発展させていく活動なのですが、それぞれの子どもが感じる遊びのおもしろさを基礎に、それらを発展的につなげながら「協同的な活動」へと発展させていくプロジェクト活動がこれに該当します。子どもの中に育つ主観的認識を大切にしながら、それを対話的関係の中で発展させていく総合的な実践力が要求されるのが、この座標面Ｂの活動です。

もっとも、この座標面Ｂの活動になると、これを純粋に「遊び」の指導の中に位置づけることには異論を唱える人がいるかもしれません。実際、こうして展開する活動は、保育実践の真骨頂ともいえる活動であり、保育者の教育的指導性が大きな役割を果たすことになるのです。

しかしながら、この座標面の活動を「遊び」と呼ぶかどうかという問題が重要なわけではありません。子どもの中に自然に生じた活動としての「遊び」を、集団保育の中で発展させる一つの形態として、プロジェクト活動が存在しているという認識が重要なのです。そして、「遊び」を指導する保育者は、まさにこの活動を子どもと共に創造することができてはじめて、自らをプロフェッショナルと呼ぶことができるのです。

もちろん、子どもの内発的な要求から開始された自然発生的な遊びを、集団の「協同的な活動」へと発展させていく指導が、一朝一夕で可能になるほど簡単なことだとは私も思いません。なんといっても、遊ぶ子どもの心理状態（おもしろさ）が多様なのです。そしてその多様な心理状態（おもしろさ）を集団的に発展させていくことが求められているわけですから、実践する保育者には、かなり高度な対話能力が要求されることになっていくのです。そしてこの「高度な対話能力」を、すべての保育者が確かなものにすることの中に、現代保育実践の最大の課題があると言って間違いないのです。

ということで、それではいったいどうやって、この「高度な対話能力」をすべての保育者のものにしていけばよいのかという大きな課題が浮上してくることになるのですが、この点に関しては、次章で議論することにして、ここはまず、「遊び」の指導に四つの側面があることをおさえて、この章は終えることにしましょう。

ただし、その前に、一点だけ補足しておきます。最初にふれたようにここでは、「子どもの遊びにかかわる保育者の役割」を中心に論じてきましたが、ここで議論した「遊び」の指導の四つの側面は、保育実践全体を考える場合にも有効だと私は考えています。

たとえば、先の座標面の内側に整理した子どもの要求の四側面は、何も遊びに限ったものではありません。座標面Ｄに位置する「模倣要求」は、食事や生活にかかわる活動の中でも活発に働

●図4-5　内容論と関係論で創られる4つの保育カリキュラム

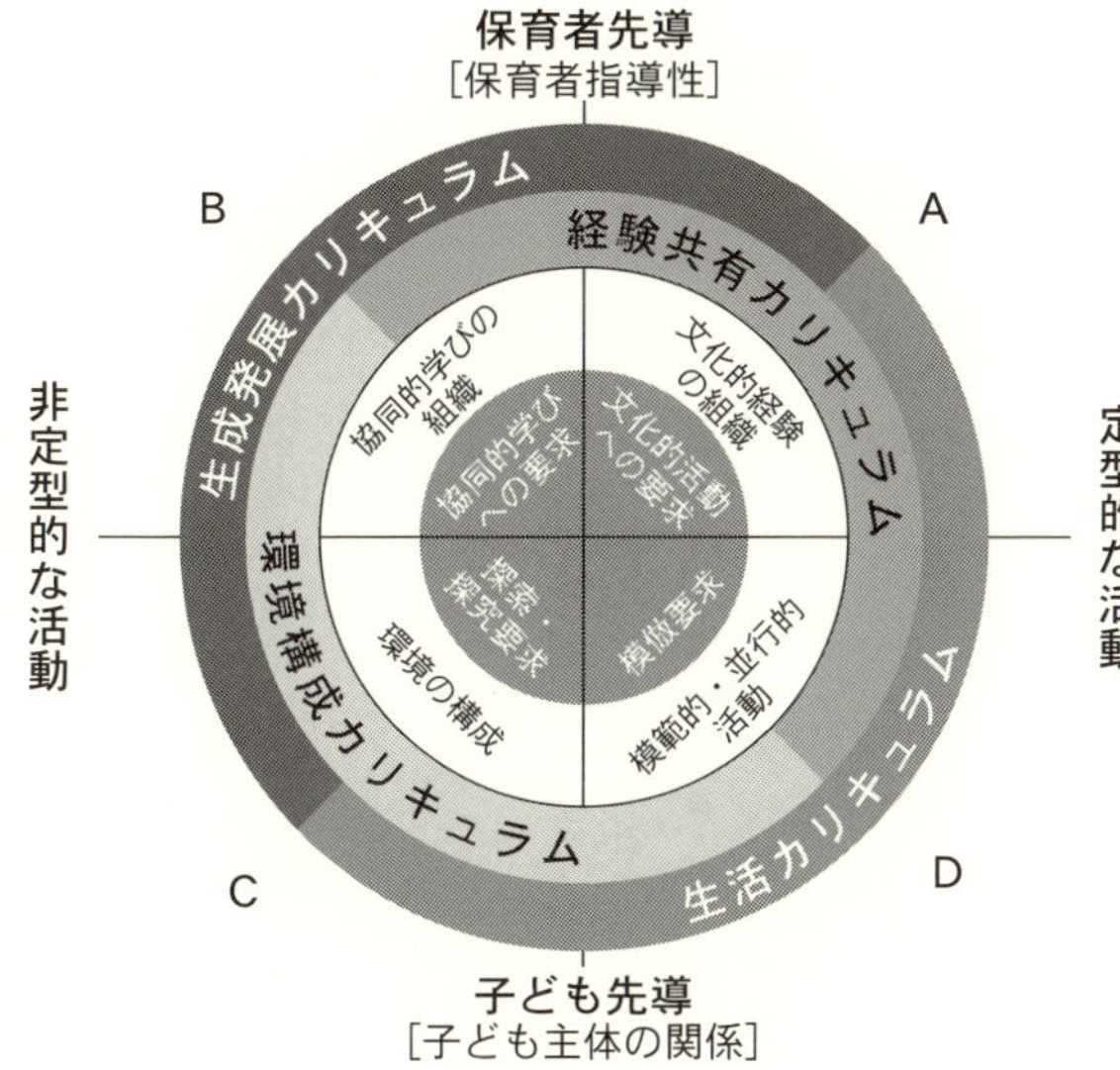

きますし、座標面Aの「文化的活動への要求」などは、むしろ絵画造形活動や楽器演奏といった活動の中で本領を発揮する要求なのでしょう。また座標面Cの中に「遊び」を広げる活動の中心的役割が期待されると同時に、そこから派生しながら座標面Bの活動が総合的に展開されていくわけです。

　こうした形で展開される保育カリキュラムを、座標面Aを中心にBとDに広がる「経験共有カリキュラム」、座標面Cを中心にBとDに広がる「環境構成カリキュラム」、座標面Dを中心にAとCに広がる「生活カリキュラム」、そして座標面Bを中心に総合的に展開される「生成発展カリキュラム」の四重構造に整理したのが**図4-5**です。つまり、遊ぶ子どもの心と対話する形で、「遊び」の指導が四つの側面を持つように、多様な形で広がる子どもの要求と対話する保育実践が四種類のカリキュラムで構成されることを意識しながら保育することが重要になってくるということなのです。

もちろん、こうして保育カリキュラムの四重構造を理解することだけで保育実践が対話的に展開されるわけではありません。保育実践を対話的に展開するためには、四つのカリキュラムに対応させながら関係を作り出していく、保育者の対話能力が大きな意味を持ってくるのです。そしてその対話能力を鍛えるうえで大きな役割をはたしていくのが実践記録を書くことなのです。

この点について、次章で検討してみることにしましょう。

注

（1）Gardner, H（1998）Foreword : Complementary Perspectives on Reggio Emillia. In C. Edwards, L. Gandini, & G. Forman（Eds.）, *The Hundred Languages of Children : The Reggio Emilia Approach-Advanced Reflections,* 2nd. Edit, p.xvi, Norwood, NJ : Ablex（ハワード・ガードナー「序文：レッジョ・エミリアの補完的な見方」C・エドワーズほか編『子どもたちの100の言葉』（訳・佐藤学ほか）世織書房、vi頁）なお、本文中に引用した訳文は翻訳書と一部変えている箇所があります。

（2）乾孝『伝えあい保育の構造』いかだ社、一九八一年

（3）パウロ・フレイレ『被抑圧者の教育学』（訳・伊藤周、楠原彰、柿沼秀雄、小沢有作）亜紀書房、一九七九年、九七頁。なお、引用にあたって訳文を一部変更しています。以下同様。

（4）同前、九八―一〇四頁

（5）拙著『保育者と子どものいい関係』ひとなる書房、一九九三年、一五頁

第5章
ドキュメンテーションの効用

① 保育者の対話能力と実践記録

さてそれでは次に、保育者の対話能力の問題を、ドキュメンテーション（実践の記録）の効用にかかわらせながら考えてみることにしましょう。

実際、子どもと対話する保育実践は、保育者の対話能力が鍵を握ることになってきます。どんなに確かな保育理論が存在しても、それを子どもたちに届けるのは保育者なのです。しかも対話的保育カリキュラムは、子どもの中に生起する多様な物語と応答的にかかわりながら実践を創造することが要求されるわけですから、保育者の対話能力が、実践の質を決定する重要な要素となっていくのです。もちろん、ここでいう対話能力は、子どもと話をする会話能力とは、本質において異なります。一般に会話上手な保育者は「対話下手」であることが多く、「対話する保育者」にはむしろ、「聞き上手」であることが求められるのです。

もっとも、ただ「聞き上手」なだけではカウンセラーのような保育者になってしまうわけで、「対話する保育者」は、子どもの要求を、「受け止めて、切り返す」能力が必要になってくるのです。

ところが、これまで何度も語ってきたように、「受け止めた」子どもの要求を、どこに返すことが正しい対応になるか、その基準はどこにもありません。したがって、すべては保育者のカンとコツに頼ることになってしまうのですが、自分のカンとコツに自信のない保育者は、ここではたと立ち止まってしまうことになるのです。もっとも、問題は「立ち止まる保育者」よりもむしろ、自信を持って対応する不遜な保育者のほうにあるのですが……。多くの場合、こうしたタイプの保育者は、自分の信念に従って、子どもを自信たっぷりにふり回してしまうのです。これでは、「受け止めて、切り返す」関係を前提とした「対話の保育」ではなく、「受け止めたつもりで強制」する、保育者主導の一方的な実践になってしまうのです。

何よりも重要な点は、「子どもの中に生成する物語」に共感し、それをもう一歩先に進める道筋を、子どもと一緒に考えてみることです。そしてそのためには、とにかく子どもたちがおもしろがっている諸々の出来事に保育者自身が興味を持ち、不思議がり、それを言葉にしてみることです。子どもの行動を見ながら、「なんでこんなことするの？」と思ったら、その思いをまず声に出してみるのです。あるいは自分が不思議だなって思うことがあったら、それを子どもと一緒に考えてみるのです。

たとえば園庭に植えてある二本のイチョウの葉が同時に黄色くならないのを不思議だと思ったら、すかさず「どうして」と子どもや仲間に質問してみるのです。そしてその後で、とことんその理由を考えてみるのです。もちろん、わからなかったら調べてみるのです。

人間の中に形成される、周囲の世界に驚き、不思議がる感覚を、海洋生物学者のレイチェル・カーソン（R. L. Carson, 1907-1964）は「センス・オブ・ワンダー」という言葉で表現しましたが、幼稚園や保育所で子どもと一緒に生活するということは、保育者もこの「センス・オブ・ワンダー」の感覚を持ちながら、日々生活することを意味しているのです。

くり返しますが、この場合、子どもが持った疑問に対して、「正解」に近づけるかどうかはたいしたことではありません。なぜなら、乳幼児期は、知識の断片を寄せ集めながら賢くなっていく時期ではなく、自分の中に「自我」の構造を創りあげ、後に豊かに育っていく感情と知性の土壌を耕す時期だからです。したがって、少しくらい間違えても、自分の思いを主張し、仲間と一緒に価値や意味を作り出す、そんな体験を豊かに経験していくことのほうが重要なのです。

もっともそうはいうものの、「対話的保育実践」にあっては、保育者の対話能力の差が実践の差を生み出すわけですから、それぞれの保育者が、自分の好きなように子どもと「対話」すればよいとなると、かなりズレた実践になってしまったり、誤った方向に子どもを連れていく危険性もあるでしょう。

しかしながら、けっして躊躇することはありません。自分に自信を持ちながら、ただ子どもの「おもしろさ」を発展させるべく、実践をデザインしていけばよいのです。ただし、そのかかわりを記録にとり、記録をもとにふり返る作業だけはサボらないことです。これを日々実践するだけで、「対話する保育者」としての資質の半分は保障されることになります。

2 実践の記録をもとに保育実践をデザインするおもしろさ

もちろん、これは冗談でもなんでもありません。どんなに対話能力に自信のない保育者でも子どもの思いを受け止め、それを発展させるべく実践をデザインし、実践したことを記録にするだけで、「対話する保育実践」の入り口に立つことができるのです。

たとえば、次に紹介するのは、自然に囲まれた環境の中、四歳児を担当するKさんの記録です（飯田市私立保育園連盟保育部会『平成一九年度部会経過報告』）。幼児期の生活を通して、子どもの中に「探究的知性」（周囲の環境に、驚きや不思議心を持ちながら働きかけていく対話的知性）を育てることが大切だと語った私の問題提起に応えて、子どもたちの「探索・探究するおもしろさ」に、「対話と共感」の精神で応えようとした実践記録なのですが、これがなかなか大変な感じで展開していくのです。

毎朝八時に登園するタクミ（仮名、以下同様）。同じくらいに登園してくるマオとは大の仲よし。二人で戸外遊びをしているかと思うと、クラスの子が保育士のところに走ってきて、

「先生！　タクミくんとマオちゃんがお口拭きの袋（口拭き用タオルを入れる袋）にカエルたくさん集めとるに！」
すぐに二人のところに行くと、マオのお口拭きの袋に二十匹くらいのカエルがつめこまれていた。
保育士「なんでこんなことしたの？」
タクミ「だって、カエルいっぱいつかまえたかったんだもん」
保育士「でも、カエルさん苦しいよ～って言っとるに！　死んじゃったらどうするの」
タクミ「……」
保育士「それに、マオちゃんの袋。これ、カエルさんつかまえるための袋？」
マオ「ちがう……」
保育士「二人でカエルさん、逃がしてきてあげな！」

こうして、毎日のようにカエル捕りに明け暮れるタクミくんとマオちゃんの姿に接しながら、子どもの中に生起するこの「探索・探究するおもしろさ」を「協同的活動」に発展させなければとKさんは考えるのですが、実際には、ついつい怒りの言葉を発してしまうのです。しかも、ただカエル捕りをするならまだしも、マオちゃんの「お口拭きの袋」を持ち出してカエル捕りをするわけですから、これは許せなくなってしまうのです。

もっとも、これだけ注意されたにもかかわらず、タクミくんとマオちゃんは担任が帰ったのを見届けると同時に、再度カエル捕りに挑戦します。運悪く別の保育士につかまってしまったりするのですが、そんな姿を見ながら保育者たちは、こんなに二人が夢中になっているカエル捕りを、ただ注意するだけではいけないのではないかと考えるようになっていきます。

ところがそんな保育者たちの思いを断ち切るように、事件は起こってしまいます。園庭の草取りをしているとき、ヨシオくんが大声を出しながら保育者のところに駆け寄ってきた場面が、Kさんの手によって次のように記録されています。

ヨシオ「先生！　タクミくんが水道のとこの穴にカエルをいっぱい入れとる！」

行ってみると、シュンと一緒に水道の元栓の穴の中にたくさんのカエルを入れていた。

保育士「何しとるの！　カエルさん外に出れんよって言っとるじゃん！　見てみ、それにみんなの使うお水が出なくなっちゃうよ！」

タクミ「だって、カエルのお家にしたかったんだもん！」

もちろん、何もカエル捕りくらいでこんなにムキにならなくてもよいではないかと思う人がいることは、私にもよくわかります。あるいは、いったいこの記録のどこが「対話と共感の保育」なのかと、つい口を挟みたくなる人がいることも理解できます。たしかに記録を読む限り、保育者はカエル捕りに夢中になるタクミくんたちを叱責し、禁止しようとしているだけです。そしてこうした保育者の姿勢が、「対話と共感」の対極に位置するかかわり方だということは、たしかにその通りなのです。

しかしながらそれでも私は、Kさんがタクミくんとの間で、ステキな対話を成立させているなと考えながら、この記録を読んでいました。なんといっても、容易には理解できないタクミくんとの関係を、毎日のように記録し続けているところがすばらしいではないですか。タクミくんの気持ちに対して、知ったかぶりの対応をしていないところが立派ではないですか……。

そうなのです。対話というのは、お互いがすべてをわかり合うことをさしているのではなく、わかり合うことをあきらめない姿勢を持ち続けることであり、行為にほかならないのです。

実際、Kさんの実践は、記録を持ち寄って議論した際に、先輩たちがくれたアドバイスも功を奏して、思わぬ展開を見せることになります。記録を読み返しながら自分たちの保育を反省し、カエルに対するタクミくんたちの思いを認めるところから何かをはじめることができないかと考え、次のように子どもたちに投げかけていったというのです。

保育士　「今日は、みんなにお話があるんだ。じつは、このクラスの中に、すごーくカエルが好きなカエル博士がいるんだ」

子ども　「知ってる。タクミくんとマオちゃんだら」

このあと、「博士」としてクラスの仲間の質問攻めにあったタクミくんたちは、他の子どもたちがカエルをつかまえる相談にのるようになっていったといいます。ここまでくると、実践のイメージが豊かにふくらんでくるのではないですか。タクミくんたちの力を借りてはじめてカエルをつかまえた子どもが「カエルを飼いたい」と要求し、クラスで飼いはじめてみると今度は毎日のエサに苦労する。飼育し続けて冬を迎えると、冬眠させてみたいと考える。冬眠から目を覚ましたカエルに感動しているうちに、今度は卵を産ませたいと考える……。

おもしろいのは保育実践がこのように展開していくと、子どもだけでなく保育者の側にもドキドキするような実践の物語が、自然な形で創られていく点です。そうなのです。プロジェクト活動を展開するクラスには、価値と真実を求めて試行錯誤を重ねていく、子どもと保育者との対話的関係が存在しているのです。つまり力の差を持つ人間同士が、集団を構成する共同構成者として互いに尊敬し合う人間関係が、保育実践の基盤を構成する条件となっているのです。

③ 三歳児の「死んだごっこ」と対話を試みる保育者の苦悩

同様の問題を、Kさんと同じ地域で三歳児を担当するRさんという保育者がまとめてくれた記録（飯田市私立保育園連盟保育部会、『平成一九年度部会経過報告』）の中からも考えてみましょう。
二歳から持ち上がりの子どもが七人、進入園児五人という集団で出発した四月。二歳から在園していた子どもたちは、それなりに遊ぶことができているのですが、進入園児がその輪の中に入れないことが保育者の悩みだったというのです。そんな子どもたちが、最初に交じり合い、楽しそうに活動をくり広げたときの様子を、担任のRさんは、次のように記しています。

●四月九日　「ユメちゃんが、死んでる！」

室内遊びの時間、ユメ（仮名、以下同様）が床に寝転がっているとエミがやってきて、「アッ、ユメチャン死ンデル！」と言う。それを聞いたケンジがやってきて、「本当ダ、死ンデル！」と。そこへ「入れて！」とヒロ・アイが入り、ごっこ遊びがはじまった。

エミ　「動カナイネ」
ケンジ　ユメの足や手を動かし、「死ンジャッタ！」と笑っている。
ユメ　みんなの反応を見ながら笑っている。
ヒロ　足元にあったブロックを見つけ、「オクスリデス」と口につけている。
アイ　ユメの髪の毛を触り、「アタシ、美容院、洗ッテアゲル！」と言う。
コウジ　みんなの様子を見て笑ってる。
エミ　ユメの服を上げ、お腹を出して、「アーッ、オヘソ！」と笑っている。

ケンジ　「ヘソダー！」ユメのお腹を触り、大喜びしている。

その後、みんながお腹を触るので、ユメががまんできずに起き上がり、終了となった。

じつは、この記録を書いたとき、Rさんはこの遊びの意味を、保育実践の中に位置づけることができないでいたのだと言います。Rさんによれば、「死んでる」と言いながら遊ぶ子どもの姿に、どうしても受け入れられないものを感じたということなのですが、それでも、これまで聞くことのなかった「笑い声を引き出している、この遊びの魅力はいったいなんだろう」と考え、子どもたちの姿を見守り、Rさんは記録を書き続けていたのです。

そしてその翌日、これまではせいぜい二・三人でしか遊ぶことがなかった子どもたちが、今度は五・六人の集団になって遊びはじめた姿を見て、この遊びの魅力にひきつけられながら、それでも単純にプラスに評価することはできない、不思議な気持ちになっていったというのです。

●四月十日　「えっ！　〇〇〇ごっこ？」

エミ　「ネエ！　死ンダゴッコ、スルカ！」

ユメ　笑いながら、横になる。

ケンジ・ヒロ・アイ　「入レテ！」

エミ　「イイヨ！」「頭、痛イデスカ？」

ケンジ　「オ腹、痛イデスカ?」
エミ　「チクンスル?　痛クナイデ!」
ケンジ　「ウン、大丈夫ダヨ!」
エミ　「アッ!　私、心臓マッサージスルデ!」
（他の子たちは、心臓マッサージの意味がわからず、興味津々で見ている）
ユメ　クスクス笑ってる。
ヒロ　ユメの足の裏をくすぐっている。
ユメがまんできなくなり、起き上がって終了となった。

実際、これ以上に楽しい遊びはないといった表情で子どもたちは遊んでいくのです。しかしながらそれでもRさんが気になるのは、帰り際に「ヒロくん、明日死ンデネ」と言い合う子どもの姿なのです。これをそのまま放置していていいものか、悩みながら記録だけは書き続けていったRさんですが、そのときの思いは、次のように書きとめられています。

「死んだごっこ」と聞き、驚いてしまった。「明日死んでね」という言葉には、たとえ遊びとはいえ、少し困ってしまう。違う遊びに変えていけないだろうか……。「死」に興味を持った子どもたちに、少し死について話してみようか……。悩む毎日です。

結局Rさんは悩みに悩んだあと、子どもたちに「死」をテーマに遊ぶことについて話してみることにしたといいます。

保育士「ユメチャン、動かなくなっちゃったねー」
エミ「死ンジャッタノ！」
保育士「そうか。死んじゃうと動かんもんなー。しゃべれんし、お母さんとも会えなくなっちゃうもんなー。みんなが、『明日、○○くん死んでね！』なんて言うと、先生びっくりするし、それになんだか悲しくなっちゃうなあ。お母さんたちも、『僕、明日死ぬよ』なんていったら、びっくりしちゃうんじゃないかなあ……」
アイ「ウン。泣イチャウカモ、シレンナア」
保育士「あっ、そうだ。お医者さんごっこなんてどう？　けが、治しちゃうの。頭痛かったり、お腹痛かったり、それでお医者さんが治してあげるの。どう？」
子ども「ウン……」（みんな、何かしっくりこない感じではあった）

子どもたちが、「死んだごっこ」を楽しむようになったのは、最初の記録にあるように、ほんとうに偶然のきっかけだったのです。しかしながらそこで子どもの中に生じた偶然の「ひらめき」が、三歳児の間に広がっていく姿は、まさに子どもが作り出した「意味」の世界を、仲間の中でつなげていく営みだったのです。

したがって、たとえ似ているからといって、「病院ごっこ」で子どもたちが納得しないのは当然なのです。子どもたちにとって、遊ぶテーマの良し悪しは問題ではなく、自分たちが作り出し、共鳴し合った「おもしろさ」かどうかという点が、何よりも大切な問題なのです。その証拠に、Rさんの提案にもかかわらず、翌日子どもたちは、次のような会話で遊びはじめたといいます。

「今日、誰死ヌ？」「私、死ヌ！」

Rさんが悩みながら記録を書いている理由は、あきらかでしょう。「死」をテーマに遊ばせることに対するとまどいと、こんなにおもしろそうに遊ぶ姿を大切にしたいという思いとを、保育者として両立させることができない点にあるのです。

④「保育実践を支えるマクロの視点」の意義と役割

このように、せっかく記録を書いて、実践をふり返っていったのに、実践の「出口」がなかななか見えてこないことはよくあることです。

こんなとき、保育者がまず試みるのが、保育者集団での話し合いです。先のKさんの場合もそうでしたが、多様な実践経験を持った保育者が集まると、同じ場面でも違った意味づけをする保育者が現れたり、予想できない「出口」のアイデアに出会ったりするものなのです。

もちろん、実践議論の多様性が、そのまま「正しい」判断につながる保障はどこにもないのですが、個人では閉塞しがちな実践理解が、外に向かって開かれていくことは確かです。

実際、この事例をもとに、数人の保育者に話し合ってもらったときも、反応は多様でした。たとえばある保育者は、なぜ「遊びをやめさせないのか」と、イライラしながら私に語ってきました。「こんな保育者がいるから、『葬式ごっこ』のような遊びを平気でする子が出てきたりするのよね」と、その保育者は青年期に生じる「生命」にかかわる事件の根源が、こんな遊びを許容する保育者の姿勢にあるとまで断言したのです。

これに対して、別の保育者は「三歳児なんだから、別にそんなに気にすることないんじゃない」と、あくまでも楽観的な発言に終始しました。この保育者は、担任のRさんが子どもの語る「死」という言葉に神経質になりすぎていることが問題だと語り、子どもは別に「死」をおもしろがっているのではないのだと主張するのです。

もっとも、このように保育者の価値観が対立し、それぞれの保育経験にもとづいて形成された信念と信念が対立するような課題に遭遇すると、保育者間の「同僚性」だけでは、なかなか「出口」が見出せないことも事実です。

こんなとき力を発揮するのが、保育実践にかかわる理論なのです。実践者の経験知が個別的で多様性に富んでいることを特徴としているのに対して、保育理論は一般性と汎用性を特徴としています。ただし問題は、このケースを読み解くのに、いったいどの理論が有効かという判断をする基準が、どこにもない点にあります。ましてや保育者の中に、こんなとき使える理論の蓄積がなければ、使いたくても使えないというのが、この保育実践理論の弱点なのです。

たとえばこうした問題を、私は「保育実践を貫くマクロの視点」と「保育実践を支えるミクロの視点」の二重構造で分析することを提案してきました。この場合、「マクロの視点」が子ども観・保育観・発達観といった保育理論を、「ミクロの視点」が保育者のカンやコツを含んだ経験知をさしているのですが、この二つの視点は別個に形成されていく特徴をもっているため、二つの視点をつなげながら保育していくためには、どうしても二重の努力が必要になってくるのです。

たとえば、一般に遊び指導の本質は、子どもの中にある「おもしろさ」を拡大することだと説明されたりします。たしかにこの命題は正しすぎるくらい正しいのですが、子どもの中に広がる「おもしろさ」を感じとるのは保育者個人の感性ですし、「おもしろさ」の発展方向をデザインする作業も、通常は保育者の感覚レベルで、つまり「保育実践を支えるミクロの視点」で対応しているというのが実際なのです。

もっとも、すぐれた保育者は「ミクロの視点」で対応した実践を、瞬時に「マクロの視点」で分析し直したり、「マクロの視点」に誘導されながら「ミクロの視点」を機能させたりするのです。つまり、**図5-1**の上の部分が相互にかかわりながら活発に機能しているのですが、ここまでくると保育理論も、とってつけたようなよそよそしいものではなく、保育者の身体の一部にまで高まったものになっています。

もっとも、多くの保育者にしてみれば、そんな抽象的な図の説明なんかどうでもよいから、さっきの「死んだごっこ」に有効な保育理論はなんなのかと質問したいところでしょう。もちろん、それに対する私の答えはあります。実際、Rさんたちにも二つの視点からアドバイスしました。一つは、この遊びを、たとえば前章で述べた「遊び指導の四つの側面」から位置づけ直してみると、保育者の役割の多様性が見えてくること。そして二つ目に、保育者にとって何よりも大切なことは、「死」を扱っているというテーマを発展させていくことではなく、この遊びの「おもしろさの本質」を発展させていくことだということを……。

●図５-１　保育観の二重構造と保育実践

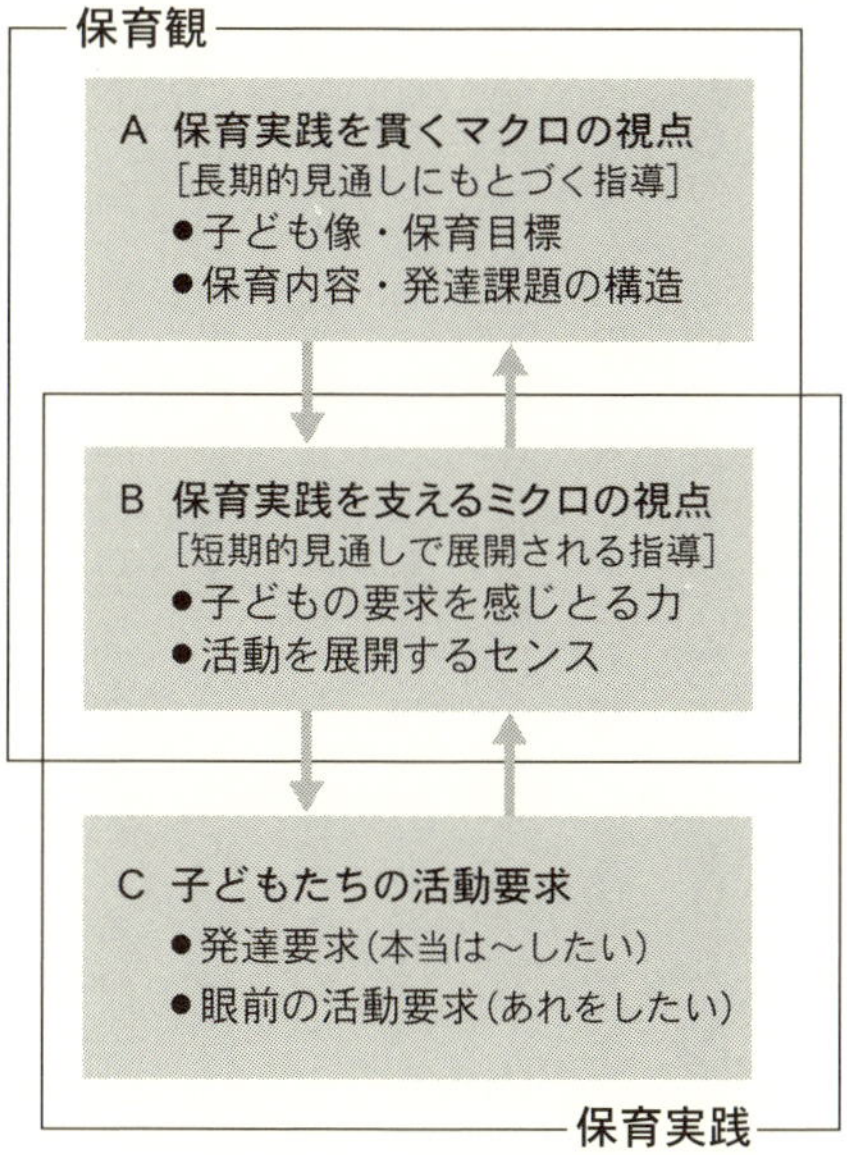

さてそれでは、この遊びの「おもしろさの本質」はどこにあるのかという

ことですが、このあたりのことはぜひ、自分たちの保育理論で検証してみてください。意地悪なようですが、こうした問題に対して理論的にも対応できるようになることが、いま保育現場に求められている大切な点なのです。先ほど、保育理論は一般性・汎用性があるといいました。それは、個別の事例を読み解くために、たった一つの保育理論が対応することはありえないということを意味しているのです。つまり、個別の事例はいくつかの保育理論の複合として存在し、一つの保育理論はいくつもの保育実践に示唆を与えるということなのです。

いずれにしても、保育者は子ども観・保育観・発達観といった保育理論を常に学習し続ける専門家でもあるのです。そしてそうやって学習した保育理論が、個別の実践を牽引するくらいまで身体化したとき、「マクロの視点」と「ミクロの視点」とが生きいきと結びついた、対話的保育実践の創造が可能になっていくのです。

子どもと対話し、対話的に展開した実践を記録し、「マクロの視点」でふり返りながら明日の実践をデザインしていく……。たとえば私は、日々展開されるこうした地道な営みを「対話的保育カリキュラム」創造の営みとして位置づけ、これを日本の保育のスタンダードにできないかと考えているのです。それは、現代社会を生きる子どもの中に「かけがえのない発達の物語」を創造する夢のある営みであると同時に、子どものことを「喜びと希望を創り出す有能な学び手」として位置づける新しい子ども観を、この日本という国のスタンダードにしていく、ささやかだけれども壮大な闘いでもあるのです。

第6章

対話的保育カリキュラムを対話する

じつは、この本に記した内容を、学生たちにゼミナール形式の授業で議論してもらいました。以下はその時の記録ですが、私の書いたものを読んだだけでは、理解できなかった問題が、率直な疑問と共に語られています。

もちろん学生ですから、保育実践の経験もありませんし、子どものことをよく知っているわけでもありません。しかしながら、意外とこうした「素人」や「部外者」の意見とていねいに対話していると、「プロ」を自認する保育者や、「保育関係者」でもなかなか気づかない、本質的な問題に出会うことがあるものなのです。

議論に参加してくれた人は、以下の五人のメンバーです。

Aくん……唯一の男性。レッジョ・エミリアに興味を持つ理論派。
Mさん……「面倒くさがりや」だけど、けっこう鋭いセンスも持つ感覚派。
Sさん……声は小さいけれど、芯はしっかりしたところを持っている学生。
Hさん……サバサバしたところが、ゼミに力を与えてくれる学生。
Kさん……少しひかえめだけど、自分の通った保育園に誇りを持っている学生。

① 面倒くさいんですね、保育って……

議論は、ゼミナールの前の雑談中、誰に語るともなく突然Mさんがつぶやいた、次の言葉から、突然開始されていきました。

「面倒くさいんですね、保育って……」

私は最初、「面倒くさい」と語った彼女の言葉を理解することができず、「面倒くさいって、どこが？」と、思わず聞き返してしまったのです。

「『どこが』と言われても、はっきりどことは言えないんですが、なんか面倒くさいなって感じて……。たとえば、最後に先生が書いていた『水泳指導の達人』と呼ばれる先生の話や、水鉄砲作っている園長先生の話は、よくわかるんです。それはそれで、ステキな先生だなって……。でも、四つに区切った座標面で展開されるＡＢＣＤの保育、私が保育者になったら、一人で全部やらなければならないんですよね？」

私は彼女の言葉を聞きながら、「いや、別に『やらなければならない』という問題ではないんだけど……」と思わず語りはじめたのですが、ここは少し学生たちの意見を聞いてみようと、あとに続く言葉を飲み込んで、まずはこの問題から議論してもらうことにしました。以下は、その時の議論の様子です。

加藤　で、Mさんの「面倒くさい」っていう意見について、みんなはどう思うの？

S　「面倒」という言葉がぴったりしているのかどうかはわからないけど、なんとなく私も、Mさんの気持ち、わかるような気がします。先生の言う、四つの座標面に分かれた遊びを、これから二十分間はAの遊び、これから三十分間はCのごっこ遊びという具合に、保育計画の中に位置づけて順番にやらせるんならスッキリするんですが、それではダメなんですよね？

H　っていうか、ただ一緒に遊んでいるだけじゃ、どうしてダメなんですか？　私なんか、子どもたちが毎日「おもしろかった」と言って帰ってくれたら、それだけで十分だと思うんですけど……。

加藤　いや、ダメとかいいとかいう問題ではないんだけどな……。それより、さっきから「〇〇しなければならないんでしょ」とか、「どうして〇〇してはダメなんですか」って、どうしてそんなに義務的で、二者択一的な議論をするのかな？

S　だって、そうしないと不安になるじゃないですか。何が正しいかよくわからないまま、自分のカンやコツだけで進めていくと、本当にこれでよいのか、自信がなくなってしまうんです。

M　私も、その「不安」って感じ、わかる気がします。たとえば、先月、Y幼稚園に実習に行かせてもらったんですが、その園では、保育者が計画した設定保育と、子どもが選ぶ自由遊びの時間がはっきり分けられていたんです。これは、AとCの座標面（図6-1）の活動ですよね。やることがはっきりしてると、なんとなく保育する側は安心するんですよね。これにあと、保育者の真似をするようなDの活動と、自由遊びを発展させるBの活動を入れれば、四つの活動を全部することになるんですよね？

●図6-1　遊び指導の４類型

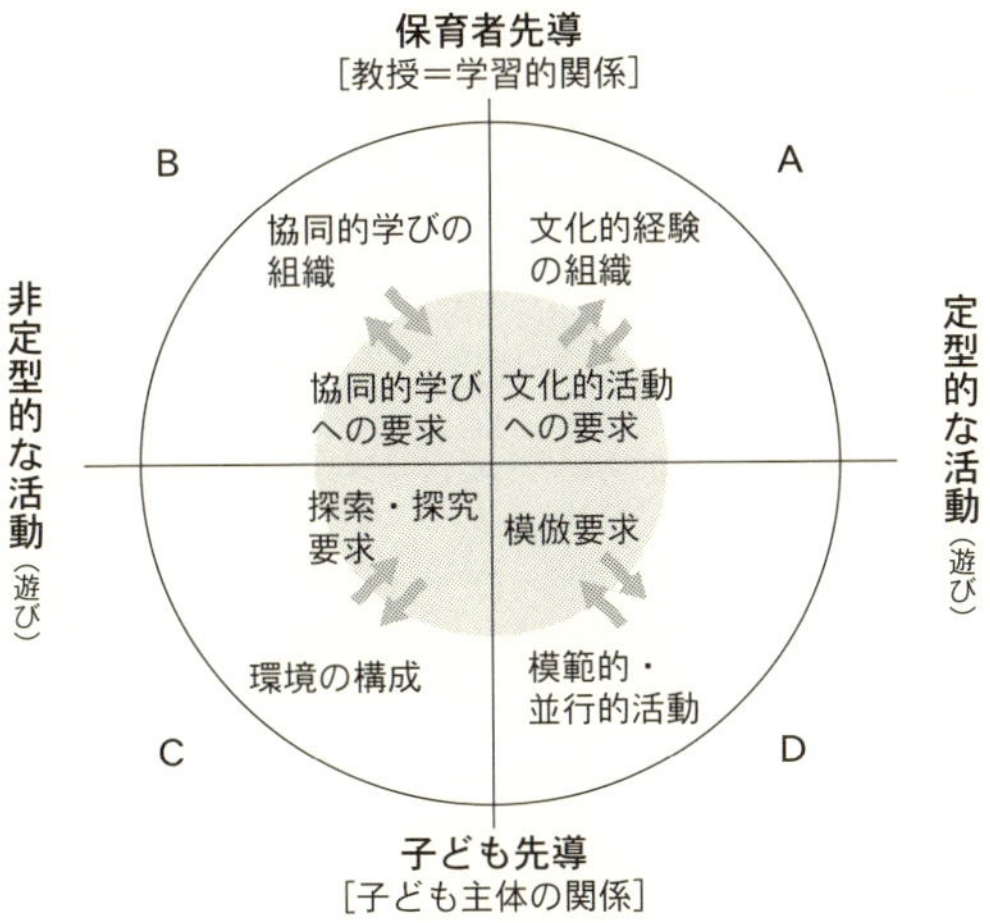

A　そういう問題じゃないんじゃないの？　先生

が言いたいのは、そういう活動を、子どもの様子を見ながら臨機応変に発展させていく、もっと自由に展開する保育実践のイメージなんじゃないのかなあ?

K　たしかに、保育者の頭の中では構造的に整理されているけど、実践はゴチャゴチャといろんなことが入り混じっている、そんなイメージの保育だって、本のどこかに書いてあったよね。

A　そうそう。だからクラスの中では、同時にAとCの活動が進行していたり、そこから発展してBのプロジェクトになっていったりと、縦横無尽に実践が発展していく、そんな実践を創るために、四つの座標面を保育者が、まず意識することが重要になるということだったんだと思うよ。

H　じゃあ、いつも保育者は、頭の中で考えてることと、実際に行動することとを、分けて保育するってこと?

M　きっと、私が「面倒」と言ったのも、そのことなんだと思います。たしかに実践の出口が見えない「不安」があるのも事実なんですけど、それ以上に、Aくんが言ったように、子どもの姿に臨機応変に対応しながら実践を創り出していくなんて、私には無理かなって……。それが……。なんか、そんな保育をしようと思うと、特別な能力が必要な気がして……。それがきっと、「面倒」って言葉になったんだと思います。

H　幼稚園や保育園って、そんなにむずかしいこと考えなくて、とにかく子どもと楽しく過ごしてればそれでいいんじゃない？

M　でも、実際にはそれがむずかしいんじゃない？　私は、Hさんのように気楽には考えられないな……。

H　だから、いったいどっちなのよ。あなたが最初に「面倒」だって言ったんでしょ。

M　うまく言えないんだけど、実習に行ったとき、最初は私も、Hさんと同じように、とにかく楽しく過ごそうって、子どもがおもしろがることをいろいろとやってみたのね。でも、砂場で一人遊んでたTちゃんに、「みんなと一緒にしようか」って誘ったら、「イヤダ」って断わられちゃったし、「ひっこしおに」を教えたときも、私がいなくなるとすぐやめちゃうし……。けっこう、みんながおもしろがるってむずかしいんだなって……。

S　そうそう。私なんか、四歳のクラスで子どもたちの「ごっこ遊び」に入れてもらったのはいいものの、どう遊んでいいかわからなくって……。

A　僕も、「ごっこ遊び」は苦手だったな。授業で、幼児の「ごっこ遊び」は大切だって学んで実習に行ったけど、一緒にやってると、子どもたちのおもしろさと、自分の中のおもしろさが響き合わなくって、自分自身あまり楽しくなかったって感じだったな。

M　だから、先生が整理してくれたように、子どもの「遊び心」を四つに分類して考えると、たしかに理解できる気がするの。そして、それぞれの子どもの中に広がる「おもしろさ」と向き合っていくと、保育がおもしろくなるのかなって思ったりしたの。でも、そんな

●図6-2　4つの保育カリキュラム

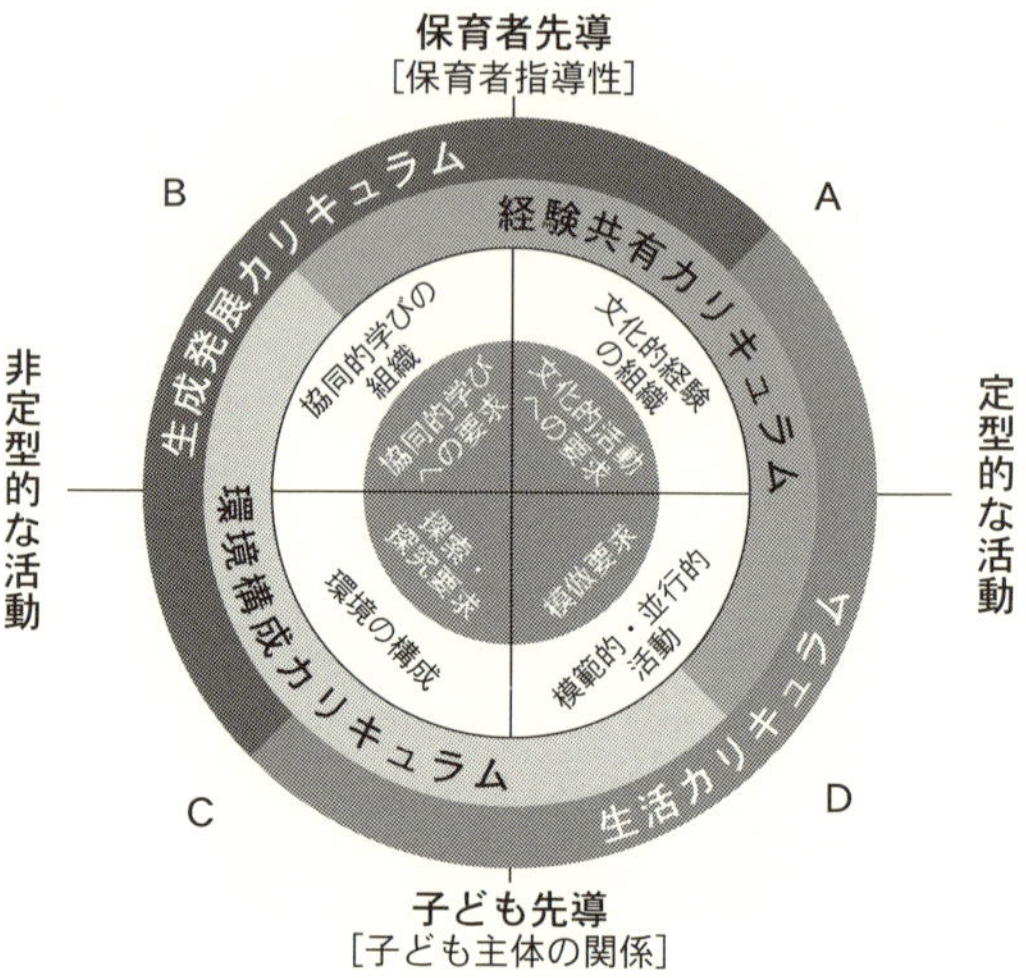

「面倒」なかかわり方、私にはできないなって、どうしても思えちゃうの。

K　たしかに、そんな器用な保育実践を毎日しなくちゃならないとなると、けっこう大変だよね。それに、この関係は「遊び」の指導だけでなく、保育実践の全体について考える必要があるっていうわけでしょ。保育カリキュラムの四重構造として……。

H　そうそう。遊びの図よりも私は、四つの保育カリキュラムの図（図6-2）のほうがわかりにくかった。とくに、「生活カリキュラム」がどうして座標面Dに位置づけられてるのか、それが理解できなくって。

A　たしかに、常識的には座標面Aだよね。

M　それに、やっぱり座標面Bの「生成発展カリキュラム」がむずかしいよね。子どもが楽しそうにはじめた「遊び」を、どうしてこうやって発展させていかなければならないのか、私に自信がないってこともあるけど、やっぱり「大変」って感じかな。

A　でも、僕は何か、そんな保育をしてみたいと思ったね。子どもの中にある「力」を引き出しながら実践を展開するのが、やっぱり自分の理想かなって……。

S　Aくんの気持ちもわからないではないけど、でもどうしてそこまで「面倒」な保育実践を幼児たちとしなくちゃいけないんだろう？　あっ、また「いけない」って言っちゃった。

じつは『対話的保育カリキュラム（上）』の中で、保育カリキュラムの四重構造として整理した図6-2については、本を読んだ何人かの保育者からも、「よくわからない」という声を聞かされていました。「この図を理解しようとしているうちに、本を読むのが止まってしまった」という意見から、Hさんのように、どうして「生活カリキュラム」が座標面Dを中心に広がるのかがわからないとか、実際にさまざまな意見を耳にしました。

そして、わからないと語る保育者たちに、一つひとつ説明を試みていったのですが、説明しようと語り出すと、なんだか自分でもおもしろくなくなってきて、説明するのが嫌になったことを、私は思わず思い出していました。

私にしてみれば、Aくんの言ったように、保育者の頭の中を整理しておくと、実践を自由で柔軟に展開させることができると考えただけなのです。そしてそのように保育者の頭の中を整理しておくことで、Mさんが語ってくれたように、すべての子どもの「願い」に応える保育が可能になるのではないかと考えたわけです。

しかしながら、Sさんの「どうしてそこまで……しなくちゃいけないんだろう」という言葉を聞きながら、私には少しわかったような気がしました。それは、混沌とした現実を理論的に整理する営みと、理論的に整理されたものを実践に生かそうとする営みとでは、思考法が異なるということです。

たとえば私は、子どもの要求も多様なら、それにかかわる保育者の姿勢も多様な、混沌とした保育実践をスッキリ整理するために、ある意味で「強引」に遊びの要素を四つの座標面に分離し、とりあえずすべての遊びと、遊びの指導を、四つの座標面にはめ込んでみたのです。

つまり、**図6-1**のように整理したわけですが、当然、こうして整理した理論を現実の保育実践にもどすときには、最初の混沌とした形に返していくべきなのです。だから、頭の中はスッキリと整理されているが、実際の実践はゴチャゴチャした状態で展開されるということが、私としては当然の理屈になってくるのです。

ところが、学生たちも含めて、どうも一般的な理解は違うようなのです。つまり、頭の中をせっかく論理的に整理したのだったら、実際の保育だってスッキリ整理したいというのが、むしろ一般的な考え方のようなのです。だから、遊びの指導を四つに類型化し、保育カリキュラムを四重構造で整理したのなら、四種類の「遊びの指導」と、四つの保育カリキュラムを「保育計画」の中に書き込み、計画通り実践することが当然のように思えてくるのです。

問題はそれだけではありません。こうした発想を当然と考えると今度は、混沌とした現実を理論化するのは研究者の仕事、研究者が整理した理論にもとづいて実践するのが保育者の仕事という具合に、どうも暗黙の了解ができあがってしまうようなのです。すると今度は、研究者の整理した理論を理解しようと懸命になるのですが、こうなるといきおい学習の姿勢が受動的になってくるのです。

つまり、混沌とした現実を理論的に整理する際に発揮される「能動性」が消失し、理論的に整理されたものを「受動的」に学ぼうとする姿勢が、保育者の中に生まれてくるのです。するとたんに、保育実践を科学することがつまらなくなり、わからなくなってくるのです。そしてそれが、「〇〇しなくちゃいけないんですよね」という、自分が考えてもいないことを押しつけられた感覚をともなう言葉を無意識のうちに使ったり、「面倒」という言葉を使ったりすることになっていくわけです。

という感じで、保育実践に関する「理論化」と「実践化」のしくみが、おぼろげながら私にもわかってきたのですが、もちろん私が、こうした学生たちの考え方に納得したかというとそうではなく、「やっぱり、面倒なほうが、おもしろいでしょう」と、再度彼らに問い返してみたのです。なぜなら、そうでないと子どものところに生きいきした保育実践を届けることはできないのですから。

しかしながら彼らは、私の問いかけに対して口をそろえて、「面倒なのは、苦手です」と言い返してきたではないですか。いや、言い返しただけではありません。最初に「面倒」といったM

さんにいたっては、「どうして先生は、そんなに面倒なことが好きなんですか？」と、逆に質問してきたのです。

② 面倒くさいもの、人間

そこで私は、彼らに一冊の本を読んでもらうことを思いつきました。映画監督の山田洋次さんと、教育評論家の三上満さんの対談をまとめた『めんどうくさいもの・人間』（旬報社）という本です。この本は、『男はつらいよ』シリーズをはじめとする山田さんの映画に描かれた人と人の関係を、二人が語り合うという形で作られているのですが、タイトルが示す通り、とにかく人間というものは「めんどうくさいもの」だと議論されているのです。

たとえば、学生たちに読んでもらった対談の文章は、次のようなものでした。(1)

三上　山田監督の映画を観ていて、本当に民主主義的だなと思うんですよ。たとえば、寅さんも言いたいことを言っている。それからさくらさんも言いたいことを言っている。しかし、お互いにゴチャゴチャし合いながら、人間的に連帯し合っているという。

それから、『同胞』のなかで、議論しながら、いろいろ難しい問題がいっぱい出てきますよね。

山田　そうでしたね。あれはやたらに議論している映画でしたね。

三上　それから、『幸福の黄色いハンカチ』（一九七九年）でしたね。勇作（高倉健）と鉄也（武田鉄矢）と朱実（桃井かおり）の三人がいろいろゴチャゴチャやりながら、ぶつかったり、しんみりしたり、カリカリしたりしながら、だんだん認め合っていく。やはり、民主主義というのは、本来、そういうめんどうくさいものなのでしょうね。

私はよく人間的に値打ちのあるものは、みんなめんどうくさいことではないかというふうに思うんですけどもね。恋愛なんかは、じつにめんどうくさいゴチャゴチャしたことだし、本来、教育なんていうのは、いちばんめんどうくさいことでなければいけない。

［中略］

山田　『同胞』のなかで延々と会議をしている場面があります。

総会で村の青年たちが、「この劇団の上演を正式にやろう」とほとんど大多数の賛成で決めかけたところ、それまでブーブー言っていた一人が「ちょっと、その前に……」と、採決をストップさせてみんなをゲンナリさせる。

そこで映画の観客が「わっ」と笑うんですね。つまり、共感の笑いなんだろうと思います。大勢の人間が集まって一つのことを決めるというのは、そういうものだな、そういうめんどうくさいことなんだな、とどこかで許容しているんですよ。

　映画ができあがってみて、そういうことがなんだかとても大事なことなんだなというふうに感じましたね。


　実際に映画を観たことがない人にとってみれば、なかなかイメージのわきにくい内容なのかもしれませんが、考えてみれば映画に描かれるほとんどのことは、理屈では割り切れないことをわかり合おうとする、面倒くさい営みで埋めつくされているのです。つまり、人間同士がお互いにわかり合うことは、面倒くさいことだということなのです。

　もちろん私としては、この文章を学生たちがいったいどのように読んでくれるかという点に関心があったのですが、最初に口火を切ってくれたのは、理論派のＡくんでした。

Ａ　つまり、先生が言いたいのは、乳幼児期から民主主義的に生きる力を育てる保育を創り出すということなんですね。そもそも民主主義というのは面倒くさいものだから、その面倒くささを厭わない、そんな経験を幼いときから子どもたちに保障しようという、そういうことなんですよね。

　自信たっぷりに語るＡくんの言葉に、みんなは少し押され気味の雰囲気でしたが、そんななか

Kさんが、Aくんの言葉を受ける形で、次のように語ってくれました。

K　そういえば、先生の『対話的保育カリキュラム』の中で、何度も「対話的保育カリキュラムが社会を変える」って言葉が出てきますよね。それって、Aくんが言うように、小さいうちから民主主義的な生活の体験を積み重ねることで、民主主義の担い手を育てるっていうふうに考えればいいってことですよね。

Aくんにしても、Kさんにしても、言っていることはたしかに的を射ているのです。そして私自身、くり返しそのことの大切さを語っているのですから、私の考えと相違はないはずなのです。しかしながら私は、Aくんのようにスッキリ語られると、それは少し違うんではないかと言いたくなってしまうのです。なんて言えばこの微妙な感覚を伝えることができるのだろうかと私が悩んでいたとき、語りはじめてくれたのが、最初に「面倒くさい」と言ったMさんでした。

M　Aくんが言うこと、たしかに正しいのかもしれないけど、少し違う気がするんだよね。民主主義の教育を経験したから民主主義を担う人間になるって、そんな簡単なものじゃないと私は思うんだ。

A　それは、そんなに簡単だと僕だって言ってるわけじゃないよ。

M　いや、そういうことじゃなくって……。私、両親が山田さんの作品が好きで、『男はつらいよ』とか、小さいときからよく観させられたの。『同胞』も観たことあるんだけど、映画自体はけっこう好きなの。親と一緒にビデオなんか観ていると、楽しい気持ちになるのね。だけどときどき、本当に寅さんみたいな人がお兄さんだったら、私は耐えられないなって考えたりするのね。同じように、『同胞』の議論にしても、おそらく私には耐えられないだろうなって……。

H　映画なんだから、そこまで深刻に考えなくっていいんじゃない？

M　そうなのよ。ただ楽しんでいればいいんだけど、なぜかときどき、そんなこと映画観ながら考えてる自分がいるんだよね。それで、さっきの文章読みながら思ったんだけど、私たちって、答えのないことをあれこれ考えるのって苦手じゃない？

A　「私たち」なんて、そんなふうにいっしょくたにしてほしくないけど、たしかにMさんの言うこと、理解できる気がするな。

H　どうしても身体がついていかないんだよね。「面倒くさい」ことにつきあうのが。だから、先生の言う「生成発展カリキュラム」って、Mさんじゃないけど、やっぱり耐えられないなって感じかな。だって、先生の本に、ギンナン売って新潟の子どもに送った「新潟中越地震支援プロジェクト」の実践を書いたのがあったじゃない（『五歳児の協同的学びと対話的保育』ひとなる書房）。あれだって、あんなに面倒くさい話し合いしないで、「新潟の人が困ってるから、ギンナン拾って、売ったお金で助けてあげようと思うんだけど……」って、保育者が提案したっていいんじゃないかなって思ったの。どうせ、ギンナン拾いに行くんだったら、同じことでしょう。

M　でも、先生に言われてするのと、自分たちで考えたのでは、ヤッパリ違うんじゃないかな。

H　私だったら、先生に言われてギンナン拾うと、やっぱり文句言いたくなると思うな。

M　あなたはおりこうさんだから、きっと文句は言わないだろうね。

S　そういう問題じゃなくって……

K　でもたしかに、これまでの人生の中で、自分たちで価値や目標を作り出し、自分たちで企画して、一つの形に完成させていくプロジェクトのような実践、あまり体験したことがないよね。

H　だけど、さっきの対談の中で三上さんが、「恋愛なんかは、じつにめんどうくさいゴチャゴチャしたことだ」と言ってるのは、私にもわかる気がする。あれだけは、たしかに正解がないし、わかり合おうとすると、ほんとうに「ゴチャゴチャしたこと」をくぐらないといけないし……。でも、どうして「本来、教育なんていうのは、いちばんめんどうくさいことでなければいけない」とまで言うんだろう？　教育って、もっとわかりやすく、スッキリしてるほうが子どもに親切なんじゃないかな。

だから、そんなにわかりやすい教育しか受けていないから、失恋したくらいで人生終わりって思っちゃうわけでしょ。

M　でも、先生は、「面倒くさい」ほうが好きなんですよねえ？　どうしてそんなに、「面倒くさい」ことが好きなんですか？

加藤　だって、研究するってそもそも、そうしたことだからね。誰も考えないようなことを考えたり、みんなが「当たり前」と考えてることを疑ったり、つい見過ごしてしまうようなことに「意味」を見出したりと、とにかく他人と同じことをしないことが研究者の生き方だからね。もっとも、みんなが卒業論文を書くのも、まったく同じことだけどね。

だけど、どうも保育実践をめぐる世界的潮流は、この「面倒くさい」ことを、乳幼児期からたっぷりと体験させようとしているみたいなんだよね。というか、小さいころから、「面倒くさい」ことをおもしろがる人間に育てていこうってことかな。

たとえばさっきKさんが、恋愛の例を出していたけど、そもそも人間がわかり合うって大変なことなんだろうね。宗教が違い、文化が違い、好きなものが違い、感じ方が違い、価値観が違う人間が、それでもわかり合おうとするってことは、大変な能力が要求されるってことだと思うよ。

きっと小さい子どもたちは、赤ちゃんのときから懸命に、はじめて出会う人やモノと対話しながら生きているんだろうね。そのとき、子どものほうは別に「面倒くさい」なんて考えていないと思うんだよね。ただ、そんな子どもが創る「物語」に寄り添っていくことを、大人たちが面倒がってるだけじゃないかな？

S　それ、わかる気がします。だから、子どものおもしろさを広げて、豊かな「物語」を子どもに保障しようとしたら、面倒くさいことをおもしろがる感覚が必要だってことですよね。

③ 言葉で編まれた「物語」、身体に刻まれた「物語」

こんな感じで、Mさんの「面倒くささ」にかかわる議論は、いちおうここで終結ということになりました。しかしながら今度は、Sさんの最後の発言をきっかけに、保育を語る用語として「物語」という言葉を使用することに、どうしても違和感があるとHさんが語ってくれたのです。そこで、保育と「物語」にかかわる議論に、話を進めていくことにしました。

加藤　たとえば、『天の瞳』の事例を引用しながら「物語」って言葉を説明してみたんだけど、そのあたりの事例を読んでも、Hさんはやっぱり「物語」という言葉に違和感があるってわけだ。

H　「違和感」があるってわけではないんですけど、なんかよくわからないんですよね。たしかに『天の瞳』に出てくる倫太郎くんの事例なんかは、それはそれで「物語」なのかなって思ったりするんだけど、そのあとに書いてある「三つの物語」とか、書いてあること、けっこうむずかしくって。

K　そうだよね。とくに「教育（保育）における物語」「教育（保育）についての物語」「教育（保育）という物語」って言われても、なんかピンとこないよね。言葉遊びしているみたいで……。でも、保育実践を「物語」としてとらえることには、私、そんなに「違和感」を持たないんだけどな。Hさんは、どこに「違和感」持ってたんだっけ？

H　だから、別に「違和感」を持ってるわけじゃないんだけど、「物語」って言葉、なんかウソっぽいところがあるんだよね。私は、保育って、もっと生々しい感じだと思ってるから……。

M　「生々しい」って？

H　つまり、実際に身体で感じた世界のほうが重要なんじゃないかってこと。たとえば、さっき読んだ文章に倫太郎くんが登場してくるじゃない？　彼が、砂場で山を作り、友だちをトンネルの前に立たせて、水をかけてしまったりするじゃない。そうやって身体が体験した世界に意味があるんで、そのことをあれこれ言葉で解釈し、意味づけることに、そんなに大きな意味を見出せないってことかな。

A　それって、保育実践においては、実体験が何より大切だっていうこと？

H　まあ、そういうことかな。

A　でもそのことは、『対話的保育カリキュラム（上）』の最初のところで、五味太郎さんの本を引用して「じょうぶな頭と、かしこい体」の問題として先生が書いてたことと関係するんじゃない？　Hさんは、とにかく「かしこい体」を育てることに、保育が責任を負う必要があるって言うんだよね。でも、そうやって体験したことは、言葉で整理することも必要になってくるんじゃないかな？

H　私は、そうやって小さいうちから、言葉であれこれ説明する子が、好きじゃないんだな。もっと、素朴な形で、いろんなことを体験するだけで、けっこう意味ある園生活になるんじゃないかと思うの。

S　たしかに、Hさんが言うこと、わかる気がするな。私も小さい子どもたちは、身体の中に、おもしろさや、不思議さをいっぱい刻み込む体験が重要だと思うの。でも、子どもの体験って、そんなによいことばかりとは限らないじゃない？

　私、小さいころ、よくいじめられてたんだけど、そのこと、誰にも話すことができなくって、一人ポツンと遊んでることが多かったんだって……。母親が言うには、あまり感情を表情に出すことがなくって、悲しいのか、くやしいのか、楽しいのか、よくわからない子だったっていうことなんだよね。でも今思うと、きっと辛い思いを、自分の身体の中に刻み込んでいたんだと思うんだ。だから、そんな子を見てると、辛い体験は、自分の身

M　体に刻み込んじゃいけないって、いつも言いたくなってくるんだ。
それ、よくわかる気がする。たしかに、身体に刻み込まれる体験って、何もおもしろくて、心地よいものばかりじゃないもんね。だけど、保育者って、子どもの中に刻み込まれることの意味を探ろうとするじゃない？　いつもいじめられてるその子の中に、いったいどんな「物語」が創られてるのかなってね……。そしてそうやって創られる子どもの「物語」を、どんな「物語」に変えていこうかって、いつも考えてるんじゃないかなあ。

A　だからそのためには、保育者の側が子どもの体験を「物語」として整理していくことが、大切になってくるんだよ。小さな子どもは、毎日くり返される生活の中でいろんな体験をしても、それをふり返ったり、意味づけたりするのは苦手だから。普通、そうした経験は、Hさんが言うように無意識のうちに身体の中に刻み込まれていくと思うんだよね。きっとこれが、「保育における物語」の姿だよね。
でも保育者には、それを意味づける仕事がある……。それが、園子先生たちがやってた職員会議の議論になるわけだ。つまり、「保育についての物語」だよね。なんか、保育者がこうやって「保育についての物語」をていねいに描き出していくことを通して、子どもの中にも知らないうちに、「保育における物語」が自覚されるようになっていくってことじゃないのかな。

S　でも、その「保育についての物語」は、保育者によって意味づけ方が違っているわけじゃない？　私、なんだかエリ先生や、リョウコ先生のレベルで終わってしまいそうな気がして……。

K　だから、『天の瞳』に出てきた保育園のように、保育者同士の学び合いが大切になってくるわけでしょ。いろんな人の意見を聞いてるうちに、だんだん確かな見方ができるようになっていくんだと思うな。

S　だけど、あんな職員会議、どこでもやってるのかなあ？　やってたとしても、みんながとんちんかんな議論してたり、誰かすごくこわい人が仕切ってたりして……。

A　そうだよね。たしかに、Hさんが言うように、職員会議でいろんなことが話し合われたら最高だけど、それだけで必ずしもうまくいくわけではないしな。結局、その園の保育者たちが持ってる保育観や発達観のレベルで、保育実践の質って決まっちゃうってことかな。つまり、この保育観や発達観が、その園の「保育の物語」を規定するというわけだから、保育者って、かなり勉強もしなくちゃいけないってわけだよね。

H　でも、そうやって勉強したことって、あまり具体的な保育実践に役に立たないんじゃない？　『天の瞳』に出てくる園だって、職員会議の中ではそんなに理屈っぽいこと、話してなかったじゃない？

A　それでもやっぱり、保育者間で一致すべき理論って、必要な気がするな。それが結局、保育目標になってくるわけじゃない？　前の時間に、先生が「自分づくり」が目標になるって言ってたけど、そんな形で目標を共有していないと、結局一人ひとりの保育者の思いつきで、保育実践が進められることになってしまうわけだよね。

H　でも、「自分づくり」って、いまひとつ私にはイメージできないんだけど……。「自分づくり」って、保育の目標として考えると、どうなんだろう？

④ 保育目標概念としての「自分づくり」

ということで、結局保育目標としての「自分づくり」について話すことになってしまいました。しかしながらここで問われなければならない問題の本質は、保育目標をどのように設定するかという点にあると考え、議論をそちらのほうに持っていくことにしました。

加藤　そうだね。僕が「自分づくり」を目標概念として設定したのは、乳幼児期の発達課題が、まさにこの点にあるって考えたからなんだよね。

もっとも、実際にこのことを重要だと思うようになったのは、幼稚園や保育園で扱いのむずかしい子どもが増えてきたって相談にのってるとき、子どもの「自分づくり」（自我形成）の過程に、何か大きな歪みが生じはじめているって感じたことがきっかけではあったんだけどね……。

つまり、保育者が「気になる子」って問題にする子の多くが、四歳半ころに形成されてくると考えられてきた「自己内対話能力」がうまく育ってない子だと思うようになってきたわけだ。

H　その、「自己内対話能力」っていまひとつ、よくわからないんですけど……。

加藤　おそらく心理学の世界では、自我の発達過程として説明されてきたことだと思うんだよね。たとえば、僕が「自分づくり」の問題にヒントを得たのはアンリ・ワロンという人の自我発達論だったんだけど、ワロンは子どもの発達過程で二つの自我世界が、一定の順序性を持ちながら形成されていくというんだよね。簡単に言うと、まず一歳半ころに強烈な自己主張をともなう「自我」が誕生し、そのあと「第二の自我」とでも呼ぶべき「社会的知性（自己）」が育っていくと……。

そして三歳から四歳にかけて、この二つの自我世界が豊かに育っていくんだけど、この段階では「自我」と「第二の自我」が子どもの中でうまくつながっていかないんだね。それが四歳半を過ぎるころになると、こうして育てた二つの自我をつなげて、自分の意思で自己決定することができるようになってくるんだ。つまり、「こうしたい」という自我の世界と、「こうしたほうがいいよね」という第二の自我とが子どもの中でつながっていくわけだ。自分の中で二つの自我が対話するから「自己内対話能力」というわけだけど、この力が育ってくると子どもたちは、大人のような顔をしながら、思考する主体として活動することができるようになっていくわけだね（図6-3）。

●図6-3　子どもの「自分づくり」の発達過程

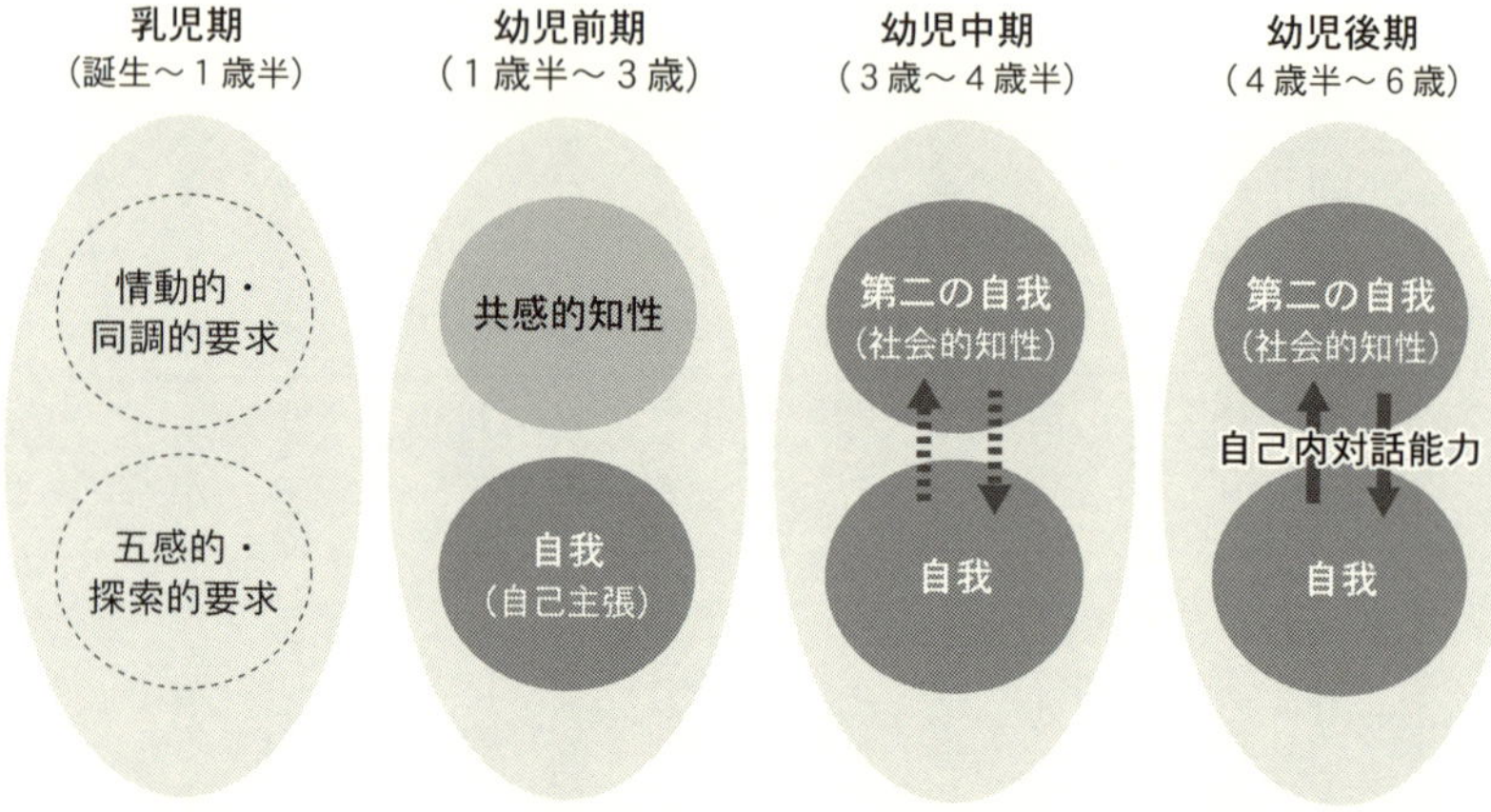

S　それ、わかる感じがする。実習行っても、五歳児ってけっこう大人だなあと思ったもん。

加藤　どこか、凛とした雰囲気が出てくるよね。そしてこの、自己内対話能力をもった五歳児の集団保育を、幼稚園・保育園で展開される典型的な保育実践として位置づけようと考えたわけだよ。

A　つまり、それぞれの子どもの中に、自己内対話能力を育てることが保育の目標になるってことですか？

加藤　いや、そういうことではなくって、自己内対話能力の形成過程には、一定の順序性があるじゃない？　たとえば一歳半から三歳までの幼児前期は、「第二の自我」が新たに育っていくわけだから、これを育てることが保育の目標になっていくよね。そして三歳から四歳半の幼児中期には、うまくつながらない「自我」と「第二の自我」の葛藤をくぐりながら、自己内対話能力の獲得につなげていくことが保育実践の目標になっていくわけ。こうして、それぞれの発達段階で、新たに子どもの中に形成していく「自我」の力を、意識的に育てていくことが保育の目標になるって考えたわけだよ。

M　じゃあ、自己内対話能力を獲得してしまった四歳後半から五歳にかけては、目標がなくなっちゃうんじゃないですか？

加藤　そんなことはないよ。幼児後期は、それまで獲得してきた自己内対話能力を基礎に、共通の目標や価値に向かって協同していく、仲間と生きる、新しい力の獲得が課題になっていくんだ。集団保育が、もっとも集団保育らしく輝く時と言えるかもしれないね……。

A　それ、よくわかります。こうやって、その段階に応じて、新しい「自我」の世界を広げていく形で目標が自覚されていったら、たしかに一人ひとりの子どもの葛藤に、どのように対処していけばよいか、見通しが持てるようになってきますよね。

でも、『対話的保育カリキュラム』を読んでも、今先生が言った「自分づくり」の発達過程は、目標論としても、実践の指針としても、あまり出てきませんよね。何か、変えなければならない理由でもあったんですか。

⑤「自分づくり」から「対話的主体」の形成へ

実際、Aくんが指摘したように、『対話的保育カリキュラム』では「自分づくり」という言葉をほとんど使用していません。その代わり、人格全体を表現する時には「対話的主体」という言葉を使ったり、「共感的知性」「探究的知性」「創造的想像力」を「対話的知性」を構成する三つの要素として位置づけたりしています。もちろん、これにはそれなりの理由があったのです。

加藤　そうだね。僕の中では、それほど大きな変化はないんだけど、たしかにAくんが言う通り、『対話的保育カリキュラム』の中では「自分づくり」という言葉を意識的に避けた形になっているね。その代わりに使ったのが、この図だよ（図6-4）。

S　私、さっきの「自分づくり」の話を聞きながら、ずっと思ってたんだけど、この図の「探究的知性」につながるところが「自我」

●図6-4　対話的主体の形成過程

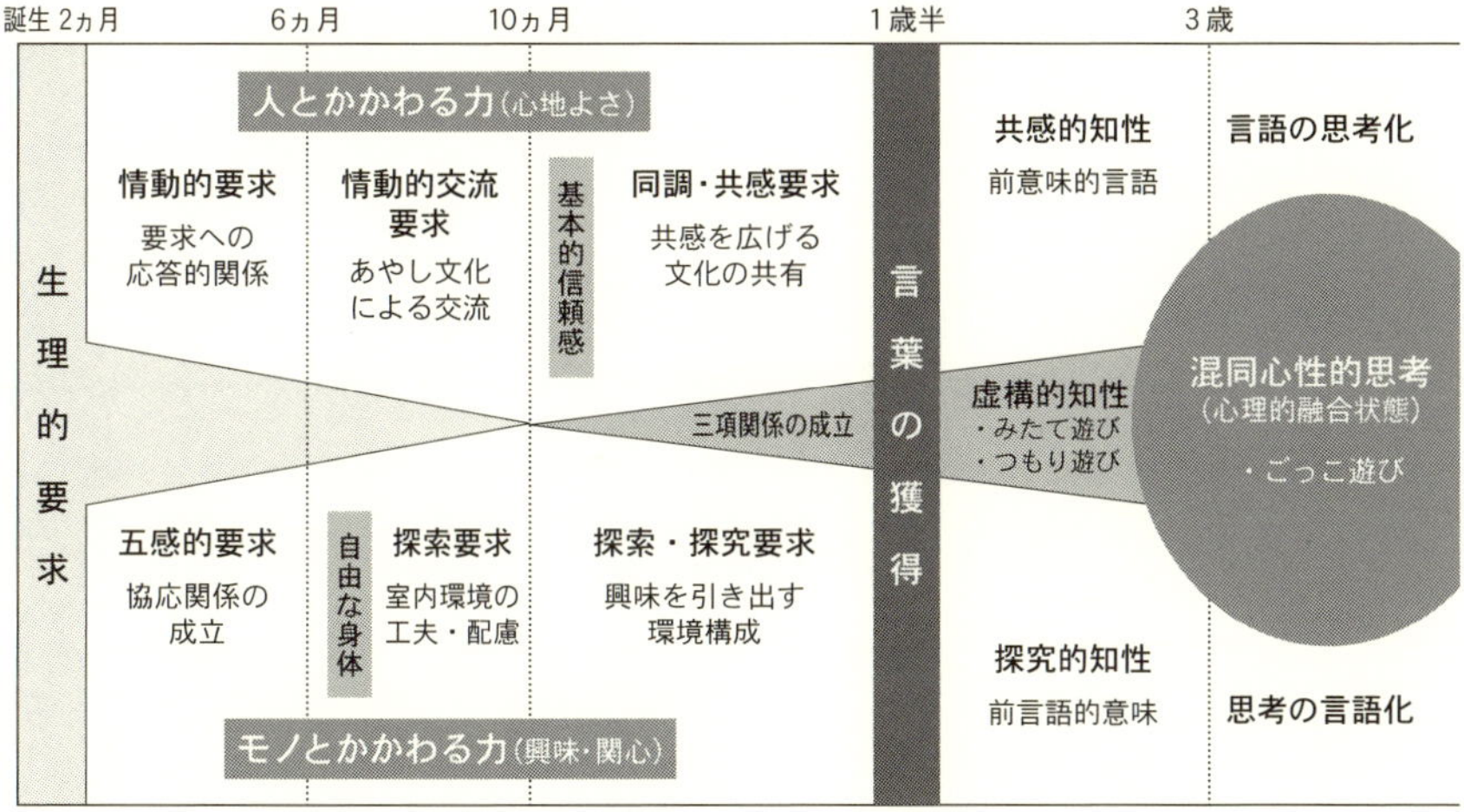

につながっていくんじゃないかな。そして「共感的知性」が「第二の自我」に対応して、真ん中の「創造的想像力」を中心とする思考力が「自己内対話能力」になってるんじゃないかなあ。

加藤　Sさん、けっこう鋭いね。たしかにこの図は、「自分づくり」の道筋を、より詳細にしたものなんだよね。

M　だけど、私はさっきの「自分づくり」の図のほうがシンプルで、自分の中に新しい力が芽生えてくる感じがよくわかって、いいと思うんだけどな。この図だと、たしかにその時期に獲得すべき力が具体的に書かれているんだけど、何か淡々と人間が成長する感じがして……。

加藤　図というのは、何かを強調するために意識的に作るものだから、それは一種の宿命といえるかもね。でも今回、「自己内対話能力」を強調した「自分づくり」の図を使わなかったのは、やはり理由があるんだよね。

一つは、この十年くらいの間に、子どもの「自我形成」の姿に大きな変化が感じられるようになってきて、これにていねいに対応するため、Sさんが言ってくれたように、「自分づくり」の道筋をくわしく記そうと思った点だね。

二つ目の理由は、これとは少し違って、「自分づくり」を強調すると、どうしても一人ひとりの「自我形成」の問題に目が行ってしまいがちで、保育者の眼が子どもの内面に向きすぎてしまうことに、ある種の危惧を感じるようになったことかな。

A　保育者の目が、個々の子どもの内面に向かうことに、何か問題があるんですか。

加藤　もちろん、一般的には大切なことだといわれているよ。でもね、さっきSさんが自分の小さいころのことを語ってくれたけど、そんなSさんのことを誰も気にしてくれないと、これはこれで辛いものがあるけど、だからといって保育者が毎日そんなSさんを気遣って、職員会議で議論されてるってなると、これはこれで気が重い話じゃない？

Sさんだって、保育者との関係だけで「自分づくり」していくわけじゃないから、もっと明るく、多元的な方法で、Sさんの「自分づくり」を応援することを考えるべきじゃないかなって考えたわけ……。

S　私のことは、どうでもいいんですけど……。でも、「明るく、多元的な方法」って、具体的にはどういうことなんですか。

加藤　だから、「自己内対話能力」を一気に高めようなんて思わないで、周囲の環境に対して興味や関心を広げ、モノと深くかかわる生活をどう創り出そうかって考えたり、人との共感関係を基礎に、絵本や音楽といった文化的価値に開かれた生活をどう豊かにしていこうかって考えたり、ごっこ遊びのように想像力を働かせて遊ぶ世界を豊かに創り出そうって考えることで、保育計画と保育実践が、明るく、多元的になってくるんじゃないかって考えたわけだね。

A　つまりそれが、対話的保育カリキュラムを構成する環境構成カリキュラム・経験共有カリキュラム・生成発展カリキュラムになるわけですね。

加藤　そうだね。子どもの「自分づくり」の姿を見つめながらも、子どもの中に「驚きと不思議さに開かれた生活」を創り出し、共感的関係を基礎に「文化的価値に開かれた生活」を保障し、そして豊かな想像力を背景に「未来に開かれた生活」を保障する方向で、保育カリキュラムを創り出していくことが大切だって考えたんだ。

H　まさに、明るい「自分づくり」の保育カリキュラムですね。その感じ、私、好きかも……。

加藤　Hさん、いいこと言うね。「好き」になってくれて、どうもありがとう。

　でも、じつは、「自己内対話能力」という言葉を使わなかったのには、もう一つ理由があるんだ。そしてこれが、一番大きな理由かもしれないんだけど……。

K　それって、いったいどういう理由なんですか？

加藤　じつは、「自己内対話能力」という言葉が、わがままな「自我」の世界を「第二の自我」でコントロールする力のように理解されるようになってきて、強烈な自己主張をする五歳児を、「第二の自我」が弱いって単純に語る傾向が出てきたことを、私としたら問題だと考えるようになってきたんだね。

H　そうやって、「第二の自我」で「自我」を抑えるのって、いけないんですか。

加藤　すべてが間違ってるわけじゃないけど、こうした考え方は、自己内対話を上から下への矢印だけで考えてるわけじゃない？　これはやはり少し違っていて、本当は下から上に向かった矢印のほうが強くなくっちゃいけない。

K　下から上って、どんなイメージなんですか。

加藤　だから、どうしてもやりたいことをやろうとすると、本当のことを調べなくてはいけなくなる……。もっとすごいものを作りたいって思うから、少しくらいの大変さに、辛抱強く向き合わなければならなくなる……。そんな形で、「自我」の強さが「第二の自我」を必要とするような活動のイメージが、僕が最初に抱いた自己内対話能力のイメージだったんだよね。

A　それが、プロジェクト活動を展開する生成発展カリキュラムになるわけですね。

加藤　そうなんだ。それはまさに、幼児後期に子どもたちが「未来に開かれた生活」を豊かに創り出していくことを意味しているんだけど、これがHさんの言ってくれた、「明るい『自分づくり』の保育カリキュラム」の、究極の形になればいいなって考えたということなんだよね。

もちろん、ここでは「自分づくり」と「仲間づくり」とを同時に保障する実践が考えられているんだけど、レッジョ・エミリアをはじめとする国際的な保育論がこうした方向で動いてることもあり、プロジェクト活動を中心とした生成発展カリキュラムを、日本の標準的な保育実践に位置づけたいという思いがあったことも事実だけどね。

A　結局、レッジョの保育は、東京保育問題研究会と同じように、子どもたちを民主主義的主権者に育てることをめざして、プロジェクトをやっているということなんですよね。

加藤　たしかにそういうふうに考えることができるんだけど、僕にしてみれば、みんなが「民主主義的主権者」の議論をどう読んだか、むしろそのあたりのことを聞いてみたいな。

6　保育目標としての民主主義

じつは、以前からレッジョ・エミリアのことに一番興味を持っていたのがAくんでした。Aくんは、自分もレッジョのような保育をしたいと言っていたのですが、そのAくんがまずは口火を切ってくれました。

A　子どもの声に耳を傾け、そこから保育を組み立てていく活動が、プロジェクトなんですよね。レッジョの本を読むと、「子どもの100の言葉」という言葉が何度も出てくるので、少しとまどっていたのですが、「子どもの声」に根ざしながら保育実践を創っていくってことなんですよね。

H　それで、それが、民主主義の実践ってわけだ……。

A　小さいうちからそうやって、民主主義的な関係の中で保育されることが、やがて大きくなったら「民主主義的主権者」に育っていくということなんだよ。プロジェクトって、結局そこまで深く考えないと、本当のプロジェクトとは言えないかもね。

M　でも、それは「遠距離目標」だって、堀尾輝久さんが言ってたじゃない？

S　そうそう、幼児のする活動の意味を、すべて「未来の主権者」につなげて考えるべきではないって、言ってたよね。

M　私、そのほうが、好きかも……。別に、民主主義が嫌いなわけではないけど、なんか「民主主義的主権者」の形成って保育目標に掲げると、しっくりこない感じがするんだよね。身体が、むずがゆいっていうか……。

S　たしかにプロジェクトなんかは、民主主義の「練習」みたいに考えると、それなりに理解できるけど、何かそのためにしているんだと考えると、ちょっと興醒めって感じじゃない？　少なくとも子どもたちは、真剣に課題に向き合っているわけだから、それを「民主主義の担い手」になるための活動だと位置づけると、少し違う感じがするよね。私もMさんが言った、身体がしっくりこないって感じ、よくわかるような気がするんだよね。

K　その、「練習」って言葉が悪いんじゃない？　何も、大きくなって役立つからってことではなくて、そのとき子どもが出す要求や言葉を、本気で受け止めることが民主主義なんじゃないかな。だから、民主主義の練習じゃなくて、素直に民主主義を実践してるって考えればいいんじゃない？

私は、自分が通ってた保育園の先生がそんな感じで、私たちの言うことをきちんと受け止めてくれていたのね。夏の宿泊保育の企画を決めるときも、発表会で劇を作るときも、みんなで話し合って決めていたの。今になったら私にもわかるけど、正直言って私、本当に子どもだけで決めていたって、長い間、思っていたの。でも、そうやってきちんと聞いてもらうことが、とても気持ちよかったのを、今でも覚えてるんだよね。

だから、将来のためにどうするとかいったそんな感覚よりも、今、目の前の子どもをていねいに受け止めるって感じで、保育してくれてたんだと思うな。だから、民主主義の練習じゃなくって、民主主義の実践を、自然にできることが大切なんじゃないかな。

S　私の通った園は、全然そんなことなかった。なんでも先生が決めてたと思う……。

A　幼稚園や保育園だけじゃなくって、学校だってすべて先生が決めてたよな。家でも結局は、親が全部決めて……。

H　つまり私たち自身が、民主主義的に生きた経験がないってことか……。

M　そうかもしれないね。だけど、レッジョの園では、やっぱり民主主義的主権者を育てるとか、「民主主義の担い手」を育てるといった保育目標、掲げてるのかなあ？　それとも、堀尾さんが言うみたいに、遠距離目標として位置づけてるだけなのかなあ？

加藤　その点については簡単に言うことはできないけど、どうもKさんが言ってたように、「将来のため」にどうするというよりむしろ、現在を民主主義的に生きるという経験を、さりげなく保障しようとしているって感じなんじゃないかなあ。たとえば木下龍太郎先生がレッジョの実践を「子どもの声と権利に根ざした保育」と位置づけていたけど、自分の言葉をきちんと聴き取られることと、その意見が正当に評価される、つまりみんなの納得が得られれば、実際に形になっていくって経験が、そもそも民主主義的に生きてるってことなんじゃないかな。

それにHさんの言葉を聞いて思ったけど、みんなはどうも民主主義ってことを、すごく自分から離れた、遠いことのように考えているような気がするんだよね。もう少し、自分たちの毎日の生活の中に、さりげなく民主主義を感じることはないの？

H　多数決とか……？

加藤　それは、現実の中で選択している民主主義の手続きの一つだけど、多数決が民主的だとはけっして言えないよね。それよりもむしろ、自分と違う考えを持った人がいると、その人と対話すると、きっとおもしろい考えが思いつくに違いないって考えたり、興味あることを一緒にやっていると、どんどんアイデアを出し合う仲間になっていったりといった、そんな日常の体験の中に民主主義ってあると思うんだよね。

S　でも、私はそんなことを民主主義とつなげて考えたこと、ありませんでした。民主主義って、やはり政治の問題で、私とは無関係かなって……。

A　「無関係」ってことはないんじゃない。せめて、遠い存在とか……。

M　それはどちらでもいいけど、たしかにSさんの言うように、○○主義っていうと、どうしても自分とは関係ない、遠いところにある問題って感じがあるよね。

S　そうか。だから、「対話」なんですね。「対話」って、民主主義を日常の生活の中で実践することなんだ。自分の思いを言って、人の言葉を聴き取って、新しい何かを創るために力を出し合っていく……。それって、民主主義を実践することだったんだ。

H　たしかに、対話的実践なら、そんなに肩肘張らなくっていい感じがするよね。だけど、それだって、日本で実践するのって、やっぱりむずかしいんじゃない？　第一、そんな実践、自分だって経験したことないし……。教える自分たちが経験していないんだから、子どもにそんな生活を創り出すなんて、不可能に近いかもね。

⑦ 日本におけるプロジェクトの可能性

ということで、民主主義的主権者という保育目標に関する話題から、話は日本におけるプロジェクトの可能性の問題に移っていきました。話の口火を切ったのは、自分が通った園でも、似た経験をしたことがあると言うKさんでした。

K　先生の『対話的保育カリキュラム（上）』の中に、和光鶴川幼稚園で取り組まれたアフリカ・プロジェクトの実践が出ていたじゃない。あれなんか、レッジョの実践とすごく似た雰囲気を持ってたよね。私、それを読んでて、自分もあんな保育ができたらいいなって思ったんだけど、やはり和光鶴川幼稚園もレッジョから学んで、あんな実践したのかなあ？

M　でも、和光幼稚園の実践は、下巻のほうにものってるじゃない。あれは、私たちが生まれる前の実践だっていうから、じつは和光幼稚園のほうが早いんじゃない？　もしかして、レッジョのほうが日本の実践から学んでたりして……。

S それより私が驚いたのは、誘導保育論について書いてあった中で、昭和七年の自動車作りをしてる実践。あんな昔から、日本でもプロジェクト活動がされていたって、ちょっと驚きだなって……。

H だけど、そんなに古くからプロジェクトの実践が行われてたっていうのに、私が通ってた園だって、就職のためにいろいろ見学に行かせてもらった園だって、そんな実践していないのよね。どうして広がらなかったんだろう?

A だから、レッジョはすごいんだよ。なんといっても、市全体でこんな保育を創り出しているんだから。幼児教育に対する社会的位置づけが、日本とは違うんだよ。

H レッジョは、一つの市なんだから、日本という国と比べるのは、ちょっと違うんじゃない? でもそういうことは、市町村ごとに、いろんな保育をすることができるってことかなあ? レッジョ・エミリアにはレッジョ・エミリア独自の幼稚園教育要領みたいなものを作って、それで同じように、すべての園でプロジェクトをしているとか……。

K だけど、プロジェクトは子どもと創っていくんだから、横並びで、同じような実践をするというのとは、少し違うんじゃないかな。

加藤 このあたりの問題は、もう少し勉強してみないとなんともいえないね。ただ、保育や教育の方針を、誰か偉い人が話し合って決めて、それを保育者が実践していくっていう発想そのものを否定していることは事実だろうね。つまり、保育の質を高め合っていくことそのものが、一つの大きなプロジェクトだと考えてるんだよね。

たとえば、スパッジャーリさんというレッジョ・エミリアの市長が、レッジョの保育実践を「子どもたちの100の言葉」展として世界で開催し続けていることの意味を次のように書いてるんだけど、これなんか、考えさせられる文章だよね。


この展示の提案は、非常にユニークで、その独創性がいっそう際立っています。これは、三十年以上にわたる教育実践の複雑な実態を、イメージ、言葉、事物によって物語ろうとするものであり、しかもその実践は、前もって構成されたモデルにも、既定の、一般化できるプロジェクトの手本にも適用できないものであります。

この展示の提起する証言は、不断の研究と活動の成果であり、多くの主体（子ども、教師、親、地域住民）と多くの資源や英知をあわせて実現された事業であり、合議により、教育への貢献と政治への貢献の興味深い統合を推進しています。(2)

A　つまり、上意下達の発想で、レッジョではプロジェクトをしますと広げていったわけではなくって、子ども・保育者・親・地域住民が、「不断の研究と活動」をしていった成果として、こうした実践が生まれたってわけだ。

H　それに、子どもと教師と親と地域住民の「合議」で進めた実践が、一回きりの実践だって

S　いうわけでしょ。どんなすごいプロジェクトを創りあげても、それはけっして、次のプロジェクトのモデルにならないってわけだ……。

K　それって、すごいかも。レッジョの実践を語るとき、よくオープン・エンディッド・カリキュラムって言葉が使われていて、私、よく理解できなかったんだけど、そういうことだったんだ……。結論が見えないから、カリキュラムも常に発展し続ける……。

M　考えてみたら、園の中で子どもたちとそんな生活を創るわけだから、保育者だって外から押しつけられてプロジェクトができるわけないよね。

H　でもそれって、そうとう「面倒くさい」実践だよね……。

M　またMさんの「面倒くさい」がでてきた……。

S　そういうことじゃなくって……。私、だんだん、面倒くさいことのほうが大切なような気がしてきたの。それをおもしろがってるほうが、人間らしいんじゃないかなってね。

A　でも、どこにいくかわからないっていうのは、やはり不安だよね。

加藤　たしかに……。前にも議論になったけど、なんか僕たちって、結論がはっきりしないことを探して、さまようことって、あんまり得意じゃないからね。だけどそれにしても、レッジョでは、どうしてそんな「面倒くさい」実践を展開するようになったんだろう。

それは、かなり歴史的・社会的な経緯があって、その点はきちんと勉強しなければならないだろうね。とくに、レッジョの保育を創り出した歴史は、第二次世界大戦のころ、戦争に反対して立ち上がったレジスタンス運動から説明されたりするんだけど、自分たちの生活を、自分たちの手でデザインしていくっていう自治の精神が、大人の生き方の中に貫かれていることが背景にあるらしいね。つまり、自分たちの生活を自分たちで創り出す感覚を、小さいうちから意識的に育てていこうとする市民の思いが、レッジョの実践の背後にある点が重要なんだね。

問題はむしろ、そうしたレッジョの実践を評価し、レッジョから学ぼうとする人たちが、いったいどんな人間観・社会観を背景にしながら、レッジョの実践を見つめているかという点にあると、僕なんか思うね。

H　乳幼児の保育について考えるとき、そんなことまで考えているんですか？

K　私、小さい子どもは、いっぱい大人に愛されて、毎日を「おもしろい」と思いながら生きていけば、それで十分じゃないかと……。

H　そうそう。一日の保育が終わると、「あー、今日もいい日だった」と言いながら帰っていくようなね。

A　でも、日本でもレッジョ・エミリアの保育がすばらしいって、いろんな人が言ってるんですよね。中教審の答申で「協同的な学び」ということが強調されたのも、そうした国際的な動向を反映した結果なんでしょう？

加藤　くわしくは知らないけど、おそらくそれは無関係ではないだろうね。

A　つまり、日本でも幼児の保育を、そうした視点から見直そうとする動きが強まっているということなんですね。

加藤　そうだとおもしろいけどね。どうも、そのあたりの議論が、いまひとつ弱い感じなんだよな。レッジョとは違う今の日本の文脈の中で、なぜプロジェクト活動が重要かといった議論がね……。だから、レッジョのことを知らないと時代遅れだといったレベルでプロジェクトのことが語られたり、一つの方法論として紹介される傾向が強いんだよね。

M　でも、日本の文脈で語るとどうなるんですか？　幼児のプロジェクト活動をすることが、日本の社会を変える議論とはつながらない感じがするんですが……。

H　Mさんのように、「面倒」なことを嫌がる人間をなくすとか……。けっこう効果があるかもね。

加藤　たしかに、そんな効果も期待できるかもね（笑）。じつは、なぜ日本でプロジェクトのような活動が必要なのか、そのあたりの議論を今、みんなにはしてほしいんだよね。

S　すると、先生が言ってるみたいに、「対話的保育カリキュラムが社会を変える」って感じになっていくわけですね。

加藤　そういうことだね。だけど、ここはかなりていねいな議論が必要になってくるね。たとえば、EC保育ネットワークで大きな役割を担っていたロンドン大学のピーター・モスさんは、ヨーロッパ社会がレッジョに注目する理由は、「保育者が与え、子どもが受け取る」

という発想で組織されてきた旧来の「保育サービス」を、次のような機能を持った保育施設（early childhood institution）にする点にあると述べているんだよ。

市民のために民主的で、解放的な実践の機会を提供し、市民（子どもと大人）が他者とのかかわりの中で、社会的行為者として決定することができる機会を提供し、

予定調和的でなく、破壊的・挑戦的であると同時に他に転換することができる、両義的で、賞賛に値する、そんな結果をうみだすことのできる機会を提供することにより、

標準化されたものを適用するのではなく、むしろ多様性を賞賛するような、子どもたちのために開かれた場所(3)。

M　なんか、私にない発想ばかり書いてあって、私のことが批判されてるみたいで、つらいです。でも、どうしてEUでは、そんなことを大切にしようと考えてるのかなあ。

加藤　これも簡単に言うことはできないんだけど、ヨーロッパが経済・政治・文化のすべての面で協力しながら共存しようとしたとき、自分と違う価値観を持った人間や、自分と異なる文化を生きる人間に対する尊敬がなければ、うまくいかないということが背景にあることはたしかだと思うよ。

A　つまり、自分の国だけが正しいとか、自分の国の利益だけを守ろうとする、偏狭な発想を持った人間ではダメだということですね。こうしたレッジョのような保育がヨーロッパでも支持され、国際的潮流になっているんだったら、先生の本の中でももう少しそのあたりのことを強調して、このままいくと日本が国際的な議論から取り残されてしまうって語ってくれればよかったのに。そうやって危機感をあおられると、日本人って「がんばらなきゃあ」って努力をはじめると思いますよ。

加藤　おそらく、そういう感じはあるだろうね。だけど僕は、だからこそ逆に、そうやって「レッジョ黒船論」みたいに語ることはやめようって思ったんだ。

ヨーロッパ諸国がレッジョを評価するのも、世界の潮流に遅れをとってはいけないという危機感ではなく、ヨーロッパの生き方に連動した、内発的なものだという点が重要だよね。だから、日本でレッジョの保育実践について議論する場合でも、自分たちの保育を創造するうえで何を学ぶかという、内発的議論が絶対に必要になると思うんだ。もしそれがないんだったら、まだこの国の議論がそこまで成熟していないってことだろうね。

もっとも、こうやってレッジョなんかで言われている、多様な価値観を尊重する姿勢や、主体性と共同性とを両立させることとかは、日本でも重要な価値観だと僕は思うけどね。そしてそのためにも、これまで支配的だと考えられてきた考えを絶対視せず、常に新しい価値を創造する能力が、それぞれの人間に必要になってくるということなんだよね。それがきっと、プロジェクトを必要としている最大の理由だと思うけどな。

⑧ 一回性と即興性に根ざした保育実践

H　なんか、その点は理解できる気がします。でも、それと直接関係があるかどうかわからないけど、さっき読んだレッジョの実践で、プロジェクトを一緒にやるのは、クラス全員ではなくて、興味を共有した数人の子どもだって書いてあったでしょう。

加藤　そうだね。レッジョの保育者たちは、一つの活動を一緒に進めようとするときは、「五人ないしはそれ以下が理想」と考えているようだね。

H　それって日本では考えられないじゃないですか。最初は五人ではじまったとしても、それをプロジェクトとして発展させていこうとしたら、全員の活動にしないといけないって、どうしても思っちゃう。

S　それは、あるよね。クラスの子が、それぞれ違う活動をしてると、なんか保育がうまくいってないような感じがして……。

M　それに、クラスの大多数が興味を示しても、何人かの子が興味を示していなかったら、

K 「○○ちゃんも一緒にしようよ」って、どうしても一緒にさせたくなるよね。だけど、レッジョの場合は、それが許されちゃうんだよね。クラスの中で子どもたちが別々のことをしていても、それが子どもというものだって……。でもそんなことが許されるのも、一つのクラス集団の規模が小さいってことかな。小さい集団だと、少しくらい違うことしてても、あんまり気にならないし……。

A でもそれじゃあ、クラスで一緒に活動する意味、ないんじゃない？ 結局レッジョの保育って、それぞれが好きなことやってればいいってことになるんだったら、さっきピーター・モスさんが言ってたみたいに、価値を創造する、民主主義の場にはなっていかないんじゃないかな。

H だから、「子どもの中で進んでいるプロジェクトの情報は、いつも公開する」っていうことだったじゃない？ けっして強制はしないけど、いつもみんなが気にし合っていく、そんな関係、けっこう居心地いいんじゃない？

S そして、その気になったら、一気にみんなで協力する……。

A たしかに、なんとなく理解できるね、その感覚。でも、どうして日本では、そんなことが実践として広がっていかないんだろう。

M それは、やっぱり私みたいに、新しいことを冒険したり、新しい考えを作り出すことに、躊躇する人間が多いからじゃない？

S　いざ実践するって段階になると、私だってとまどうと思うな。どこへ行くかわからない実践を、モデルもないのに創り出すって、やはり勇気がいるもんね。それに、保育者によって感じ方や考え方が違うじゃない？　プロジェクトやるっていっても、どんどん発想がわく人と、何にも思いつかない人だったら、まったく違う意味を持つしね。

K　だけど、子どもにしてみれば、みんな違った考えを持っているし、毎年、違った子どもが入ってくるわけじゃない？　だから、そんな子どもの思いをきちんと聴き取って保育していこうとすると、一度として同じ保育はありえないことになっていくよね。たった一回きりの、その子どもたちとだけ創ることのできる保育実践を、毎年ドキドキしながら創っていくって、なんか楽しそうな気がするな。

　前にも言ったけど、私が通ってた園も、そんな感じの園だったんだ。その園では、親たちもすごく積極的に協力してて、先生たちと一緒に保育創ってる感じだったって、お母さん、よく言ってたよ。それに、夏に宿泊保育をするんだけど、それに向けて、みんなでやることを話し合って決めて、自分たちってなんでもできるって、私なんか本気で考えてたのね。でも先生たち、本当はどんな保育目標を持って実践してたのかなって、ときどき考えることがあるんだ。

A　Kさんが経験したような園が、日本のスタンダードになっていけば、きっとおもしろくなっていくよね。だから、プロジェクトみたいな活動が、日本中の園で普通にできるようになると、保育の位置づけも変わってくるってことなんだよ。

M　Aくんの言うこと、わからないわけじゃないけど、でもなんかそんな単純な問題じゃない感じがするんだよね。それに、日本には幼稚園教育要領や保育所保育指針があるわけじゃない？　そこに書いてある保育目標や、保育の理念とプロジェクトってどんな関係にあるんだろう。一つの園で、それが大切だからって勝手にいろんな保育していいのかなあ？

H　でも日本中の幼稚園や保育園をみると、実際にはもっといろんな保育してるわけだから、別に問題ないんじゃない？　それより私、最初の民主主義的主権者って保育目標を考えていたときからずっと気になっていたんだけど、要領や指針もそうだけど、保育目標ってそんなに重要な意味を持っているのかなあ？　言葉にした目標は、たしかにどれも正しい気がするんだけど、そうやって言葉にした目標って、なんかリアリティーを感じないんだよね。その点、レッジョなんかではどうしているんだろう？

加藤　そうだね。レッジョでも保育計画の中に「本日の目標」とか書いているのかって問題は、たしかに興味のあるところだよね。それにHさんが言ってくれた保育目標のリアリティーの問題、つまりリアリティーのある保育目標ってどんな目標なのかという問題については、少していねいに考えていく必要があるような気がするね。

それに、Sさんが「保育者によって感じ方や考え方が違う」という問題を出してくれていたけど、たしかにプロジェクトの実践をしても、どんどん発想がわく人と、なんにも思いつかない人がいることはたしかだね。もちろん、発想が豊かだからと言って、子どもの思いをどこに持っていってもかまわないってわけじゃないしね。だから、対話的保育カリキュラムを展開しようとすると、どうしても保育者の対話能力の問題について考える必要が出てくることもたしかなんだよね。

ただ、こうした問題を議論するとき、どうしても保育者の側から考えてしまうんだけど、同じ問題を、子どもの側からも考えてみる必要があると思うんだよね。僕はそれを、「子どもの中に生成する物語と保育実践との豊かな出会い」って言葉で考えているんだけれど、そんな実践を創り出していくこと、ぜひみんなに期待したいものだね。

注

（1）山田洋次、三上満『めんどうくさいもの・人間――映画・教育・そして愛』旬報社、一九九一年、四一―四三頁

（2）アントネッラ・スパッジャーリ「未来への挑戦」レッジョ・チルドレン『子どもたちの100の言葉――イタリア／レッジョ・エミリア市の幼児教育実践記録』（訳・田辺敬子ほか）学習研究社、二〇〇一年、一二頁

（3）Peter Moss（1999）Early Institutions as a Democratic and Emancipatory Project, Lesley Abbot and Helen Moylett（Eds.）, *Early Education Transformed*, Taylor and Francis Group, p.151

終章
私の保育の物語

子どもを保育するということは、それぞれの子どもの中に「かけがえのない物語」を創り出すこと。そんな思いで本書を書いてきました。ただ、こうやって書き終えてみて私には、一つだけどうしても知りたい問題が出てきたのです。それは、「対話」に参加してくれた学生たちは、いったいどのような「かけがえのない物語」を幼稚園・保育所で経験してきたのだろうかという問題でした。

ということで、学生たちに急遽、「私の保育の物語」というタイトルでレポートを書いてもらうことにしたのです。するとそれぞれの学生が、それぞれの保育体験を、「かけがえのない物語」として綴ってくれました。

Aくんにとっての「かけがえのない保育の物語」

男性でただ一人、議論に参加してくれたAくんは、園生活の経験はほとんど忘れたとしながらも、次のような体験を綴ってくれました。

思い出されるのは、たいして眠くもないのに実行される「お昼寝の時間」、おやつの時間に出される「おいしくないホットミルク」といった、あまり好んでいなかった思い出ばかりである。その他は、うさぎを飼育したり、パンツだけで泥遊びや色水遊びをしたりと本当に平凡な保育所であったように思う。しかし、この「お昼寝」や「ホットミルク」は私だけではなく、私を含む幼児のほとんどがあまり好んでおらず、この活動？を通して、他者と共感する機会が設けられていたように思う。「かけがえのない」と修飾するにはほど遠いかもしれないが、私はこの「お昼寝」「ホットミルク」というものの中で、他者との共感を楽しむことができたように思う。また、がまんすることで自分を讃える「自尊心」のようなものが感じられたのも事実である。さらに「お昼寝」の時間になると「起きている」→「先生に注意される」→「寝たふりをしながら友だちとおしゃべりを楽しむ」という、このスリリングな、なんともいえないドキドキ感を感じながら時間を過ごしていたように思う。ここには、普通におしゃべりをするよりもおもしろい「遊び的要素」が含まれており、この一種の遊びを通して自分の中の「物語」をふくらませていったように思う。

蒲団の中にもぐったまま話をする、という非日常的な行動から、自分が何か別の世界に、ゲームの世界にいるかのような感覚を味わっていたのかもしれない。また、そこでは私（そして友だち）独自の物語があり、それを友だちと共有することが楽しかったのかもしれない。つまり、ここでもわかるように「物語形成」と「遊び」とは深くつながっているのである。

Aくん自身が語っているように、とくに変わった保育を経験したわけではなく、「まわりにはある程度の自然があり、環境的には恵まれていたように思うのだが、それを生かしきれていない保育」だったことも、事実なのでしょう。しかしながらそれでも、蒲団の中で友だちと共有する共感関係が、身体の奥深くに刻まれていることの意味は、やはり貴重な体験だったのだろうと、Aくんのレポートを読みながら、私には思えてくるのです。

Sさんの「給食チャンピオンの物語」

少しかわいそうなのは、Sさんです。Sさんのレポートは、給食のときの思い出が、延々と綴られたものでした。

私の幼稚園のころをふり返ってみる。私の十九年間の中で、幼稚園の存在は割と大きい。私はよく泣いていた。入園当時も、年長さんになってもことあるごとに泣いていた。私が通っていた園では「給食チャンピオン」というのがあって、一ヵ月で給食を残さず食べれた回数で先生の手作りカードがもらえるのである。これは誰か一人がなるものではなく、設定された回数をこえれば誰でもなれるものである。

だが、私は当時食べるのが遅いうえに、少食で好き嫌いもあった。だから、年少、年中でも給食チャンピオンになれなかった。この当時私は、給食チャンピオンになれないことに対して、どのように感じていたかは覚えていない。気にしていなかったかもしれないし、くやしかったかもしれない。だが、母は私に「ご飯の量を減らして」と言われ、減らしていたと言う（ご飯は持っていき、おかずは給食として幼稚園で出ていた）。

おそらく、「なりたい！」という気持ちはあったのだと思う。なかなかなれずにいたが、最後の最後、年長の最後の月に、本当にぎりぎりの回数で給食チャンピオンになれた。先生からカードをもらい、うれしかったのを覚えている。先生も「よかったね」と言ってくれた。私はそんなふうに、先生が言ってくれたことがうれしくてしかたなかった。

最後は、給食チャンピオンになれたというハッピーエンドのレポートなのに、私は読んでいるうちに、なんだか少し、悲しい気持ちになってきたのです。一つは、三年間の思い出が、給食チャンピオンで占められている点が。そしてあと一つは、それでもそのときの保育者の思いを理解しようと、Sさんが努力している点です。

たとえばSさんは、先のレポートに続けて、次のように書いているのです。

この出来事を、保育者側の視点から考えてみる。おそらく、いつ私がなれるか、もしくは卒園までなれないのか、まったく予想もできなかっただろう。だが、先生たちは焦ることなく、毎日毎日の給食の時間に私を気にかけてくれたのかなと思う。先生は「給食チャンピオンになれたらどんなにうれしいだろうか」という思いで、ずっと支援し続けてくれていたのだと思う。

Sさんのやさしい解釈に異論を挟む気持ちはありませんが、おそらくそこまで考えていたのなら、もっと違った対応を、早いうちにしていたのだろうと私は思います。もっともSさんも書いているうちに、そのことには気づいたようで、保育者に対する気遣いの文章のあとで、次のように疑問を提示してもいるのです。

だが、こう考えてみてくると私がうれしいとかそういう問題の前に、この「給食チャンピオン」で保育者が求めていたものは「全部食べきれること」だったのだろうか。残さず食べるということを伝えたいとしても、幼い園児たちにとっては伝わっていない。全部食べる目的は「カードをもらうため」であった。保育者側は、最初はそういうきっかけでも、少しずつ全部食べきることの目的を理解していけばよいという思いだったのだろうか。少し、私は今になってこれに疑問を感じている。

くり返しますが、それでもSさんはこの体験を、けっして否定的に書いているわけではないのです。これもまた自分にとって「かけがえのない物語」なのだと、肯定的にとらえて綴ってくれたのです。私はこうした文章を読みながら、それぞれの人間が、自分の「人生の物語」を創り出していく過程は、きっとこんな感じなのだろうなと考えていました。ただ、せっかくだからもう少し楽しい思い出で、Sさんの「物語」を意味づけてあげたいと、余分なことながら考えただけです。

幼稚園が大好きだったMさんの「物語」

これに対して、「面倒くさい」という言葉で話題になったMさんは、少し違った幼稚園体験を綴ってくれました。彼女は、とにかく幼稚園が好きだったというのです。とくに、園庭の思い出を鮮明に綴ってくれたのが印象的でした。

まず、私が一番に思い出すのは毎日たくさん遊んだ園庭の様子です。園庭の真ん中には大きな木が一本立っていて、木でできたベンチもあって木陰のある休憩所になっていました。砂場は二つあって、一つは木のつるでできた屋根つきのもの、もう一つはよく日の当たる砂場で、水場がすぐ近くにありました。今考えると、園庭には日陰と日向がどちらも同じようにある感じでした。園庭には小高い丘のようなものもいくつかあって、丘の下はコンクリート管がはめ込まれて空間ができていました。遊具はカラフルで、すべり台、いろいろな形のアスレチック（飛行機型や木製のものなど）、シーソー、ブランコ（三種類くらい）、鉄棒、登り棒、登りネット、うんてい、大きなタイヤ、一輪車・竹馬ロードなどがあったのを覚えています。ほかには、うさぎ小屋、にわとり小屋、花壇や野菜畑もあって、私はそれを毎日見に行くのが大好きでした。

花壇に咲いている花の中に、甘い蜜が吸えるものがあることを先生から教えてもらって、それを探して吸うのも楽しくて、休み時間になるとすぐ探しに行っていました。園庭のすぐ隣には、柵越しに田んぼと畑があって、そこにいるカエルやトカゲを手を伸ばしてつかまえたり、おたまじゃくしを眺めたり、がんばって手を伸ばして泥んこを触ったり、農家のおじさんとお話したり水をかけられたりして遊ぶのも楽しかった覚えがあります。園庭の端には小さな滝のようなものもあって、上から水が石伝いに流れていて、その山頂の水が出てくるところで遊んだり、山の裏の少しひんやりしたところで秘密基地を作ったりもしていました。また、その裏山や園庭の隅に行って土を掘ると土粘土が出てくるところがあって、それがみんなのうわさになったり先生から聞いたりして、土粘土を探して土器のようなものを作るのがはやりました。

Mさんの文章から、幸福な空間の広がりと、時間の流れを感じ取ることができます。きっと幸福な毎日が、そこには準備されていたのでしょう。そしてそんな幼稚園が大好きだったというMさんの気持ちが、本当によくわかります。

興味深いのは、そんなMさんがレッジョ・エミリアや他の園で展開されているプロジェクト活動について、疑問の言葉を綴っている点です。

授業では「対話的保育カリキュラム」の考え方を学んできました。私は、このカリキュラム論を聞いて、少しずつではありますが、その内容を自分で考えられるようになってきたとき、「こんなに子ども任せの保育でいいのかな」と考えました。子どもの側に立って子どもの気持ちになって保育することはとても大事なことだと思いますが、やはり子どもだけではうまくいかないこともあるのではないかと思ってしまいました。プロジェクト活動についても、疑問がありました。それは、子どもたちの興味はこんなにうまくつながって続いていくのかということと、子どもたちの興味がなくなってしまったらどうするのかということです。でも、それらのことは自分の体験での幼稚園と、知っている幼稚園の実践例を考えることで少しだけわかったように思います。

さてこの点について、Mさんはいったい何がわかったというのでしょうか。私は、Mさんがこの言葉に続けて書いてくれた言葉を読みながら、人間が持つ、自分を変える力のすごさについて考えていました。つまり彼女は、次のように言葉を続けてくれたのです。

まず、私が考えた言葉は適切ではなかったということに気がつきました。このカリキュラムの考え方は決して「子ども任せ」ではないことがわかりました。任せると言うとそこには保育者の助けは入らず、自由に好きなようにやってよいというふうにもとらえられてしまいます。けれどそうではなくて、子どもを主体として考えながら、保育者の援助も同じようにそこで展開されることが大切でした。ただ、それがあまりにも表に出すぎるとよくないと私は思います。カリキュラムを創るうえで、子どもの様子を観察・記録して創り変えていきながら、保育者が背後に持つ大きな意図を、日々考え直していくべきです。

子どもにとって本当に記憶に残るようなことはどういうことかを考えてカリキュラムも考えないと、結局その子が味わうことのできた気持ちや思いは、うんと少なくなってしまうかもしれません。保育者が時間や手間などの面からの保育者の都合で手を出しすぎてもいけないし、出さなすぎてもいけないのだと思います。子どもたちが、自分の力で考えるヒントになるような働きかけができたらいいと思います。

いや、それだけではありません。「子どもの興味」の問題に関しても自分なりに考えて、自分の立場をはっきりと語ってくれているのです。

また、子どもたちの興味がこんなにうまくつながるのか、子どもの興味がなくなりはしないのかということについても考えてみます。これまで考えてきて感じたことなのですが、子どもたちの興味というのはバラバラには出てこないものなのかもしれないと思いました。子どもたちは、何かひとつあるものからたくさんの行き先を考えるのが上手な人たちだと思いました。大人は、一つのものを見るとそれに一番ぴったりくる道を選ぶし、それが当たり前になってきてほかのものを考えたりしません。でも、子どもたちは、そんな制限はないし、何をどうやっても失敗にはならない気がします。だから、子どもたちの興味や世界の広さをもっと信じてみてもいいかもしれないと感じました。

私は、子どもたちに気づかれないで目的にたどり着くような保育カリキュラムを創りたいと思います。気づかれないだけで、子どもたちへの援助は適度にしなければなりません。大きな背景になる保育者の願いや思いと緩やかな計画を持っていながら、子どもたちの悩みや葛藤を邪魔しない、直接は見えない援助がしたいです。

こんな文章を読んでいると、保育を創り出す「新しい世代」に対する期待の気持ちを、素直に語りたくなってくるのです。

冷静に「物語」を見つめるHさんの場合

Mさんとは少し違いますが、Hさんの経験した「保育の物語」も興味をひきます。Hさんは、「自分の通った園がモンテッソーリ教育を取り入れていたようだ」と紹介したうえで、思い出の場面を次のように綴ってくれました。

私の記憶の中にある幼稚園での基本的な生活は次の通りです。まず、幼稚園に着くと毎日「線上歩き」をして自分の教室まで行き、自分の出席簿に自分でシールを貼り、みんなが集まったら（ここは少し曖昧なのですが）、お祈りをしたり、歌を歌ったりしたあとに、各自、自分の好きな「お仕事」をはじめます。「お仕事」にはビーズ通しや色紙貼り、クッキー・ホットケーキ作りや編み物、地図や国旗の色塗りなど、他にもさまざまなものがありました。

「お仕事」のための道具は、ある程度、色などは作る子どもによって違っていましたが、形としてはだいたい同じものができあがるような、そんな用意のされ方でした。「お仕事」をするときは、基本的には個人作業で、友だちと話すとしてもそんなに大きな声を出したりはしません。先生がベルを鳴らすと作業や友だちとのお話を中断し、先生が立っているほうに注目します。お仕事はお昼ご飯とお昼休みを挟んで帰りの時間まで続けられ、時間になるとお祈りなどをして帰るという形です。ただ、これは私の記憶の中にある幼稚園なので、もしかしたら記憶違いや偏りがあるかもしれません。

しかし、三年間を通したら、いくつもの行事もあり、もちろん私自身も参加していたのだから、そういったことに関しても強く記憶に残っていてもよいのに、どうして思い出すことといったら、毎日やっていた「お仕事」のことぐらいで、それも、何か特別に「○○をして楽しかった」というような思い出し方ではなく、「毎日やってたなぁ」というような、感情をあまり含まない思い出し方なのです。自分の好きだった「お仕事」が何だったかといったようなことも覚えていなくはないのですが、それにしたって他のものより多くやっていたという記憶からの判断でしかありません。

もちろんHさんの場合も、自分の体験を否定的に綴っているわけではありません。ただHさんの場合は、記憶の中にある自分の園体験と、レッジョ・エミリアのような園では、いったい何が違ったのだろうかという問題を、少し冷静な目で考えてくれた点が、私には興味深かったのです。Hさんは、次のように記しています。

授業で見たレッジョ・エミリアの園も、私が通っていた園と同じように、教室内にさまざまな材料や道具が準備されていて、子どもたちが興味をひかれたもので、何でも好きなものを作ることができるような環境が整えてありました。しかし、私が通っていた園と異なる点は、準備されていたのが、さまざまな木の葉や実や小枝、何種類もの貝殻、金属の破片や釘や針金、プラスチックの破片などといったもので、何を作るかは最初から子どもたちが考えることができるという点、創作は必ずしも一人で行われるのではなく、数人集まって行われたり、相談しながら進められることもあり、それらがだんだんプロジェクトに発展していったりするという点です。

私は自分が通っていた園が嫌いだったわけではないし、モノとかかわる時間というのも大切だとは思うのですが、レッジョ・エミリアの園と私の通っていた園の相違点として挙げられることが、私の通っていた園には不足していて、じつは大切だったのではないかと思います。これは、授業で見てきたさまざまな保育実践からも感じたことで、子どもの世界が広がっていくことや、「かけがえのない物語」が形成されるためには、さまざまな人間関係や、その中で生じる「対話」が大切なのだと思います。保育者の対話能力に関する話で、対話能力のない保育者が自分の好きなように保育を進めていき、もし大半の子がそれに満足していたとしても、一人でもその方針に合わない子がいれば、その子にとって園での経験は苦痛なものでしかなくなってしまう、といったような話を聴き、保育者には、対話し、そこから得た情報をもとに、時には自分のやり方を修正したり、子どもの思いを発展させてやる力が必要だということがわかりました。

また、園も、活動内容を一つの型にはめてしまうことをせずに、柔軟であるべきなのではないかと思いました。子どもの感じ方や興味の持ち方などは一人ひとり異なるものですが、それでも、一人ひとりにとっての「かけがえのない物語」を形成できる場でなければならないのだと思います。

Hさんもまた、自分を変えることのできる、勇気と知性のある若者だと思います。そして、こうやって自分を変える力を持った保育者が、自分を変えようとして成長する子どもたちと、豊かな「対話」を展開してくれることに、期待を寄せたくなるのです。

自分の園に誇りを持つKさんの「物語」

最後に、Kさんの「物語」をみてみましょう。Kさんは、ゼミナールの最中でも、自分の通った園を誇らしげに語っていたのが印象的だったのですが、よくここまで覚えているなと感心するような、そんな「物語」がレポートには綴られていました。

私の「人生の物語」にとって、一歳から五歳まで過ごしたT保育園がどのような意味を持っているか。一言で言い表すのは大変むずかしい問いであるが、もし私がT保育園に通うことがなかったら……と考えてみると、その意味の大きさがだんだん見えてくる。T保育園がなかったら、今の私はない、と断言できるほど私にとってその存在は大きい。T保育園に通い、そこで乳児期・幼児期を十一人の仲間たちと共に過ごしたという経験は、私の自信となり、誇りとなっている。

T保育園は、一クラス十人前後と比較的人数が少ない。そのため、子どもたち一人ひとりのつながりや、子どもと先生、先生と親、そして親同士のつながりも大変深い。大人たちはみんなで一体となって子どもたちを育て、共に助け合ったり支え合ったりしながら自らも成長しようとし、子どもたちはその中でさまざまな体験や日常生活を通して自分たちの社会を創り、泣いたり笑ったり、怒ったり、けんかをしたり、一緒に何かをしたりと本当にいろいろな体験を共有しながら、一日一日を精一杯に過ごしていた気がする。とくに私のクラスは、大人同士の連携が大変とれていて、みんなでみんなの子どもを育てるという意識があったのだと母が話してくれた。保育園の目指す子ども像に親たちが共感し、疑問に思う点や困ってしまった点は互いにコミュニケーションをとることで積極的に解消していたのだと思う。

これに続けてKさんは、この園の親たちが、いかに協働しながら園を支えていたか、くわしく述べているのですが、仲間として生きる大人の姿を見ながら大きくなったことが、自分の人生に大きな影響を与えていることを、Kさんは強く自覚しているのです。

しかしながらそれよりも、彼女が書いてくれた保育者の姿勢・子ども観には、正直言って驚くものがありました。それはこの園の保育者たちのスゴサでもあるのですが、乳幼児期の体験を、ここまで書かせるものは何なのか、私は考えさせられてしまったのです。

T保育園では、子どもたちは自分たちが子どもであることを承知したうえで自分自身は一人前なのだと思っている。それは、子どもたちにできる限りさまざまなことを自分で行わせ、自分で考え成し遂げさせる、という方針があったからなのではないかと思う。

大人たちはそれを支えたり、発展させるように働きかけたり、子どもたちが安心してチャレンジできるようにするための安全地帯のような存在であった。

計画のうえでは、もちろんその年齢に即したものを、と考えて準備していたのだろうが、実際に子どもと接するときには、先生たち自身が子どもに対して子どもだからしかたない……という姿勢を持つのではなく、私たちを一人の人間として扱ってくれていた。だから私たちは子どもながらに、自分自身に対する責任や自信を持つことができたのだと思う。

これは種々の行事のうえでもそうだし、普段の生活においてもあてはまる。たとえば、冬になるとマラソン大会があった。一周二キロメートルほどの川のまわりのコースを五、六周するのがフルコースだったように思う。その大会は、三、四、五歳児が五人ほどずつたてわりグループを作って、共にゴールに向かって走るのだが、三歳児にはもちろん、五歳児にとってもかなりの努力とがんばりがいる活動である。途中、足が痛いとか、転んでしまったとか、もう疲れたとか、意見が分かれてけんかしたりとか、その何周の間にはさまざまな困難があり、それを乗り越えて最後まで全員で走るのだ。

年長児がリーダーシップをとって、下の子たちを励ましたり世話したりしながらゴールを目指す。そこでは一人ひとりがみんな精一杯にがんばること、上の子は下の子に対する責任を持つことが当然のこととして求められる。だからこそ、がまんしたり悩んだりくやしい思いをしたりする体験も本気のものとして経験する。最終的に負けてしまったけれど最後まで走れたからよかったという子も、くやしくて家に帰ってから泣いたという子もいるのだが、このひとつのプロジェクトが、子どもたちの中にその子なりの意味を持つ経験として残るのだと思う。

行事においても、また日常生活においても、私たちはのびのびとたくましく育てられた。朝、登園したらまず最初に決められた回数、教室の雑巾がけをする。冬でもはだしは当たり前、少しくらいの危険にはどんどんチャレンジさせてもらえる。出来合いの玩具よりは自分で作ったもので遊ぶ。

運動会や発表会やキャンプも、自分たちで考え、何をしたいかを決め、自分たちで作っていた。年長時の最後の発表会では、出し物のお話作りからみんなで行い、必要なものを作り、練習をする。出し物の中には、これまで練習してきてできるようになった大こま回しや逆上がり、竹馬なども含まれる。当時私はこれらのことはすべて自分たちでやっている、と思っていた気がする。

もちろん、Kさんはこうして保育について学習していく過程で、こうした活動の背後に、保育者たちの考えがあり、指導があったことを察していくのですが、それでもこうして、保育者の意図を感じさせないで、子どもたちが自分たちだけですべてをやり遂げていたという自尊感情を、自然に育てる保育を展開していた保育者たちも、やはりすごかったのだろうと思わないではいられません。

じつはKさんのレポートは、まだまだたくさんの事例が綴られていて、ここで全文紹介することができないのが残念なのですが、そのとき出会った仲間のこと、親のこと、保育者のことを、次のように記していることだけ、最後に紹介しておくことにします。

保育園時代の友人たちとは、今でも心から安心でき、「はだかの心」でつきあうことのできる仲間である。その関係は親と子ども、親と保育者同士の間にもあったと思う。

私には忘れられない経験がある。私が、障害を持つ一年上の女の子の名前を呼び捨てにしたときのことだ。それを聞いた母は私の前ではじめて泣きながら怒った。私も泣きながら謝ったのだが、子どもたちに対して大人が本気の態度、「はだかの心」で向かうというのは、子どもたちに大変大きな影響を与えると思う。「はだかの心」で接する人間関係を築くということは、彼らとの関係上はもちろんのこと、その後の人とのつき合い方にも大きく影響するのではないだろうか。

今年、一人の友人が園に帰ることを志した。十月には二週間の実習に行くという。「なんでT保育園に行くことに決めたの?」と聞くと、「自分がどのように育ったのか見てみたい」という答えが返ってきた。「じゃぁ、見てきたら私にも教えてね」と言ったのだが、私だけではなく、彼にとっても、そしてきっと十一人全員にとって、T保育園は人生の基盤となるような大きな意味があるところなのだろうと思う。自分の通った園を好きであること、そこで過ごしたことにそのときすぐにではなくても、誇りを持つことができること。これは自分自身に対する自尊心や本当の意味で仲間を大切にし共に生きていくことにつながっている。

自分の通った幼稚園・保育園のことを、こんなに書ける若者を、少しうらやましく思ったことも事実です。もちろん、乳幼児保育だけで子どもの幸福が保障できるといった、そんな単純な話をしようとしているのではありません。

しかしながら、こんなステキな「物語」を経験したKさんの場合も、ささやかな「冒険の物語」に意味を見出したAくんの場合も、給食チャンピオンの「物語」をけっして無駄にしようとしないSさんの場合も、幸福だった園生活を、もっとステキに発展させる道を考えたMさんの場合も、そして「お仕事」で明け暮れた記憶の中の園生活を、自分なりに整理し直したHさんの場合も、みんなみんなステキな「物語」を編むことのできる若者たちなのです。

小さな子どもたちに未来を拓く力を期待するのと同じように、自分を成長させる力を持った若い力に、未来の保育を創造する、たしかな力を期待したい気持ちでいっぱいです。

おわりに

本書は、『対話的保育カリキュラム（上・下）』の姉妹編として書きはじめたものです。最初は、「対話」と「カリキュラム」にこだわる私自身の心の中を、エッセイのような感じで書き進めていくつもりでした。しかしながら書いているうちに、量的にも、内容的にも、かなり多くのことを書き込むことになってしまいました。

それは、「対話する保育実践」を実践に移そうとすると、それぞれの保育者の「人生の履歴」と無関係なところで、保育を議論できないことに、書き進めているうちに気づかされたからにほかなりません。

私との「対話」につきあってくれた学生たちに、「かけがえのない保育体験」があったように、それぞれの保育者の中にもやはり「かけがえのない人生の履歴」があるのです。子どもたちとのです。「対話」しようとすると、どうしても自分自身の「人生の履歴」が、どこかに顔を出してくるのです。でもきっと、そうした事実の中に、何よりもたいせつなことが潜んでいるのだろうなという思いで、本書を書いていきました。

良いことも、悪いこともいっぱい抱え込んだ自分自身の「人生の履歴」が、まだ歩みはじめたばかりの小さな子どもたちの「人生の履歴」と対話していくのです。たしかに経験の厚さに違いはあるものの、いっしょに「履歴」を創っていく者として、対等な関係を作り出していくことがたいせつなのです。そしてそうやって創り出される「発達の履歴」を、私は対話的保育カリキュラムと呼んできたのです。

ということで、本書の中では私自身の「人生の履歴」も書きました。保育研究を生業とする私にも、やはり保育にかかわる「人生の履歴」があるのです。

そうした「人生の履歴」の最初に、ヨシミチくんのことを書きました。

じつは、ヨシミチくんのことでは、私にとって忘れることのできない出来事があるのです。

それは、ヨシミチくんが卒園して、三年たった夏のことです。私はその時はもう幼稚園はやめていたのですが、同じクラスにいたミズエちゃんのお母さんから、突然電話をもらったのです。

「ヨシミチくんが能登の海でおぼれてしまって……。それで今からお葬式なんだけど、お母さんが出棺まで先生を待つといわれて……」

突然の電話の内容に、いったい何が起きたのか、自分でも理解できなかったのですが、それでも二時間近く、車を走らせたことを覚えています。かろうじて、出棺には間に合ったものの、ヨシミチくんの最後の姿を前に、私はただ立ち尽くすのみだったことを、今でもときどき思い出します。

お母さんの話によると、ヨシミチくんの自立を願った両親が、能登に住む親戚に彼を一人預けて帰ってきたとき起きた事故だということでした。

「私が一緒にいてやったら……」

あふれる涙をこらえながら、このように話してくれるお母さんの姿を見ながら、私はますます語る言葉を逸してしまったのでした。

ヨシミチくんは、ご両親が待ちに待って授かった、たった一人の大切な子どもだったのです。それだけにご両親のかわいがりようは、それはもう大変なものだったのです。そんなお母さんに対して、「ほんとうにヨッチャンのことがかわいいのなら、彼が自立できる方向で努力しないと……」などと偉そうに語ったのが、じつは私だったのです。そしてお母さんは、そんな私の言葉を頼りにしながら、ヨッチャンを一人、旅に出すことを決意したのだというのです。

それから六年余の歳月が経過した春のことでした。山梨に赴任してきたばかりの私のところに、ミズエさんが訪ねてくると連絡が入りました。

高校入学を記念して私のところを訪ねてくれるということだったのですが、電話先で彼女は、名古屋まで迎えに来ることはできないかと私に聞いてきたのです。小学校のとき、ご両親の故郷である愛媛県の新居浜に引っ越していた彼女が、わざわざ山梨までやってくるというのですから、私としてもできるかぎり彼女の期待に応えてやりたいと、あれこれと調整は試みてみたのです。

しかしながら、あいにくその日はどうしても断れない予定が入っていて、彼女の要望に応えることはできませんでした。けっきょく、新幹線で三島まで来るように言ったのですが、彼女は予定通り名古屋で途中下車するというのです。友だちに会いたいのだと彼女は私に言いましたが、よくよく聞いてみると、ヨシミチくんのお墓参りに行きたいということらしいのです。私に名古屋まで来いといったのも、じつはそのためだったようなのです。ミズエさんのそんな思いを知ると、私は無理をしてでも名古屋まで行く必要があると思ったのですが、けっきょくその日の予定を変えることはできませんでした。そして最初の予定通り、三島を経由して山梨まで来てくれたのですが、その後、新居浜に帰ってから送られてきた手紙の中には、次のような言葉が綴られていたのでした。

お元気ですか。先日は、本当にお世話になりました。ほんとうに、よい思い出ができました。また会う時まで、美乃里ちゃん、おぼえてくれてるかな……？

話は変わりますが、旅行から帰ってすぐに、ヨッチャンのおばさんから、きれいなお花と手紙が届きました。嬉しかったです。やっぱり会いたかったです。

先生、また今度はきっと、一緒にヨッチャンのお墓参りをしてくださいね！　よろしくお願いします。


じつは、ミズエさんは、一人でヨシミチくんの家へ行ったのでした。しかしながらあいにくヨシミチくんの家は留守で、けっきょく誰にも会うことができないまま、ミズエさんは私のところに向かってきたのでした。そして、そのとき玄関の隙間にはさんできたメモの返事が、ヨシミチくんのお母さんから届いた花と手紙だったのです。

「けどね先生。ヨッチャンとこの玄関には、ヨッチャンが乗っとった自転車なんかが、そのまま置いてあるんよ」

新居浜弁で話してくれるミズエさんの言葉に、私はまたまた返す言葉を探すのに苦労してしまったのでした。たった八年間しか生きることのできなかったヨシミチくんの人生を、そのままの状態で大切にしようとしているご両親の姿と、今は亡き友のところへ一人訪ねていったミズエさんのやさしさあふれる行動力と……。

ミズエさん、ヨシミチくん、そしてヨシミチくんのご両親のことを考えながら、人間が生きていくとはいったいどういうことなのか、人を教育するとはいったいどういう営みなのかと、私は再度考え込んでしまったのです。

常に前を向き、新しい力を獲得していく子どもたちの中に「発達」の姿を見出すこと。それは比較的容易なことです。しかしながら、過去のある時間にこだわりながら今を生きている人間がいて、そうした人たちと共感できる力を持った若者がいる……。このことを私たちは、教育の問題としてどのように整理すればよいのでしょうか。

子どもたちに、人間として、人間らしく生きていく道を語ることそのものは、たしかにそれほどむずかしいことではありません。しかしながら、子どもと対話しながら、いっしょにその道を探していくことは、けっこう大変なことなのです。

何かそんな、なかなか表面には現れにくい、人間らしさの「芯」のような力を育てることにこだわりながら、これまで保育実践を語ってきたような気がしてなりません。おそらくそれは、ヨシミチくんやジュンコさんやミズエさんが私に出した、大きな問いなのでしょう。そして私は、時間がかかってもその問いに、答えていこうと思っているのです。

本書がそんな問いに対する、ささやかな答えになっていることを期待します。

加藤　繁美

二〇〇九年七月　子どもの権利条約が国連総会で採択されて二十年目の年に

加藤繁美（かとう　しげみ）

1954年広島県生まれ　名古屋大学大学院教育学研究科博士前期課程修了
現在　山梨大学教育人間科学部教授（幼児教育講座）
主な著書
『保育の基礎理論』（共著、旬報社、1987年）
『保育者と子どものいい関係』（ひとなる書房、1993年）
『早期教育が育てる力、奪うもの』（同上、1995年）
『子どもの自分づくりと保育の構造』（同上、1997年）
『しあわせのものさし』（同上、1999年）
『保育と文化の新時代を語る』（共著、童心社、1999年）
『子どもと歩けばおもしろい』（小学館、2002年）
『５歳児の協同的学びと対話的保育』（編著、ひとなる書房、2005年）
『保育者の現在――専門性と労働環境』（共著、ミネルヴァ書房、2007年）
『対話的保育カリキュラム（上・下）』（ひとなる書房、2007年・2008年）

初出一覧（本書執筆にあたっては、下記に収録した内容を一部再構成しています）

・『早期教育が育てる力、奪うもの』（ひとなる書房）
・『しあわせのものさし』（同上）
・「幼児教育カリキュラムの構成原理としての生成・発展的カリキュラム――レッジョ・エミリア・アプローチにおける『恐竜のプロジェクト』を中心に」『山梨大学教育人間科学部紀要』第１巻２号、2000年
・「遊ぶ子どもの心と対話する、保育者の実践力量の多様性」全国保育問題研究協議会編集委員会編『季刊保育問題研究』（213号、新読書社、2005年）

装幀／山田道弘

対話と保育実践のフーガ――時代と切りむすぶ保育観の探究

2009年８月９日　初版発行

著者　加藤繁美
発行者　名古屋研一

発行所　㈱ひとなる書房
東京都文京区本郷２－17－13
電　話03（3811）1372
ＦＡＸ03（3811）1383
E-mail：hitonaru@alles.or.jp

 印刷／中央精版印刷株式会社　＊落丁本、乱丁本はお取り替え致します。